مركز القانون العربي والإسلامي
Centre de droit arabe et musulman
Zentrum für arabisches und islamisches Recht
Centro di diritto arabo e musulmano
Centre of Arab and Islamic Law

Droit musulman et modernité
diagnostiques et remèdes

Sami A. Aldeeb Abu-Sahlieh

Ce livre peut être acquis auprès de
www.amazon.com
2014

Le Centre de droit arabe et musulman

Fondé en mai 2009, le Centre de droit arabe et musulman offre des consultations juridiques, des conférences, des traductions, des recherches et des cours concernant le droit arabe et musulman, et les relations entre les musulmans et l'Occident. D'autre part, il permet de télécharger gratuitement du site www.sami-aldeeb.com un bon nombre d'écrits.

L'auteur

Sami A. Aldeeb Abu-Sahlieh: Chrétien d'origine palestinienne. Citoyen suisse. Docteur en droit. Habilité à diriger des recherches (HDR). Professeur des universités (CNU-France). Responsable du droit arabe et musulman à l'Institut suisse de droit comparé (1980-2009). Professeur invité dans différentes universités en France, en Italie et en Suisse. Directeur du Centre de droit arabe et musulman. Auteur de nombreux ouvrages dont une traduction française, italienne et anglaise du Coran.

Éditions
Centre de droit arabe et musulman
Ochettaz 17
CH-1025 St-Sulpice
Tél. fixe: 0041 (0)21 6916585
Tél. portable: 0041 (0)78 9246196
Site: www.sami-aldeeb.com
Email: sami.aldeeb@yahoo.fr
© Tous droits réservés

Table des matières

Introduction 7

Chapitre 1. Différentes conceptions de la loi 11
   1. La loi en tant qu'émanation d'un accord démocratique................................11
   2. La loi en tant qu'émanation d'un dictateur 11
   3. La loi en tant qu'émanation d'une révélation 12
     A. Conception juive..12
     B. Conception romaine et chrétienne...13
     C. Conception musulmane 15

Chapitre 2. Impact de la conception islamique dans les pays musulmans 21
   1. Conception laïque démocratique des droits de l'homme 21
   2. Conception dictatoriale et religieuse des droits de l'homme.......................21
     A. Droits politiques..22
     B. Droits de la femme 23
     C. Liberté d'expression 24
     D. Liberté religieuse..24
     E. Minorités religieuses 24
     F. Sanctions corporelles et intégrité physique 25
   3.. Retour des intégristes musulmans 26
     A. Mettre fin à la dualité du droit 26
     B. Excision 28
     C. Statues 28
     D. Esclavage...29

Chapitre 3. Propositions des libéraux musulmans..31
   1. Soigner les racines 31
   2. Distinction entre le Coran mecquois et le Coran médinois.........................32
   3. Distinction entre le Coran et les récits de Mahomet 34
   4. Interprétation du Coran 35
   5. Rattachement du Coran et de la Sunna à leur époque 36
   6. Abolition du concept de la révélation 36
   7. Position de Hussain Fawzi 37
   8. Position d'Ahmed Al-Gubbanchi 38
   9. Que pensent les intégristes des libéraux musulmans 39
   10. Système schizophrénique..40

Chapitre 4. Impact de la conception islamique en Occident 43
   1. Division Dar al-islam / Dar al-harb 43
   2. Liberté religieuse 44
   3. Mariage 45
   4. Héritage..45
   5. Voile...45
   6. Cimetières 46
   7. Circoncision masculine et féminine..47
   8. Risque de sécession..47

Chapitre 5. Propositions des occidentaux 51
   1. Dialogue religieux islamo-chrétien 51
   2. Solutions législatives 51
   3. Solutions préventives en matière de mariages mixtes 52
   4. Principe de la réciprocité 52
   5. Formation des imams 53
   6. Révision du concept de la révélation 53
   7. Mise en garde contre les livres sacrés..54
   8. Salles polyvalentes au lieu de mosquées/palais nids de terrorisme 56
   9. Interdiction des groupes intégristes et retrait de la nationalité 57

Conclusions 59
   1. Deux méthodes pour faire avancer les droits de l'homme 59
   2. Par où commencer?..59
   3. Responsabilité de l'Occident 60
   4. De l'insurrection de la rue à la résurrection de l'esprit...................................60

Annexes 63
   Annexe 1. Plus de 120 savants musulmans accusent l'État islamique
   d'avoir sali l'Islam 63
   Annexe 2. Réponse du Père Henri Boulad aux 120 savants musulmans...............64
   Annexe 3. Sami Aldeeb: Décapitez le Coran médinois avant
   qu'il ne vous décapite 67
   Annexe 4. Sami Aldeeb: Faut-il former des imams dans les universités
   occidentales? Oui, à condition que… 73
   Annexe 5. Sami Aldeeb: Y a-t-il un moyen pour faire évoluer l'Islam afin de
   l'adapter aux droits de l'homme? 76

La parole de Yahvé fut adressée à Jonas, fils d'Amitaï: « Lève-toi, lui dit-il, va à Ninive, la grande ville, et annonce-leur que leur méchanceté est montée jusqu'à moi. » Jonas se mit en route pour fuir à Tarsis, loin de Yahvé. Il descendit à Joppé et trouva un vaisseau à destination de Tarsis, il paya son passage et s'embarqua pour se rendre avec eux à Tarsis, loin de Yahvé. Mais Yahvé lança sur la mer un vent violent, et il y eut grande tempête sur la mer, au point que le vaisseau menaçait de se briser (Jonas 1:1-4).

Vous connaîtrez la vérité et la vérité vous libérera (Jean 8:32).

Introduction

Quelques avertissements pour commencer:

1) Je ne vous demande pas de penser comme moi, mais simplement de penser.

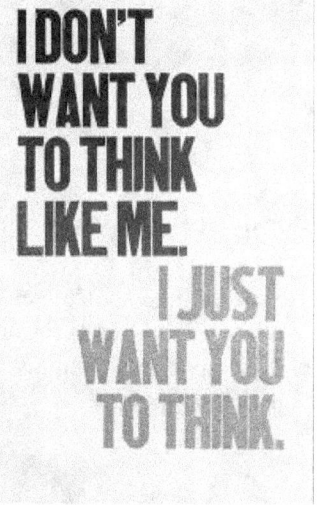

2) Un intellectuel doit être au moins dix ans en avance sur la société et voir plus loin que la moyenne de la population. Il joue à cet effet le rôle d'une sentinelle. Si la sentinelle voit seulement comme les autres, il est inutile.

3) Un intellectuel doit choquer son audience. S'il ne fait que répéter ce que les autres disent, il agit comme un perroquet. Les universités ne devraient pas être des zoos.

4) Un intellectuel a le devoir de dire ce qu'il pense, sans cela il devient un politicien et manque à sa mission.

5) Une soicété sans esprit critique est une société sclérosée. Aucun progrès social, économique ou scientifique n'est possible sans la présence de critiques. On resterait à cet égard à la bicyclette et on n'inventerait jamais la voiture. De ce fait, il faut percevoir la critique comme un élément positif.

Aujourd'hui, le monde arabe vit probablement ses plus sombres moments de l'histoire. Après un printemps arabe qu'on espérait prometteur, nous voilà replongé dans un hiver glacial avec des pratiques qui dépassent tout entendement humain, avec l'égorgement des prisonniers, l'imposition de la religion musulmane aux yézidites sous peine d'être exécuté, la mainmise sur les biens des chrétiens et l'imposition de la djizya, le rapt des femmes, leur asservissement et leur vente dans les marchés aux esclaves, et bien d'autres atrocités qu'on pensait révolues à tout jamais, atrocité fondée sur le Coran, notamment sur le verset 8:57 qui dit: "Si tu les trouveras dans la guerre, fais fuir à travers eux ceux qui sont derrière eux. Peut-être se rappelleront-ils".

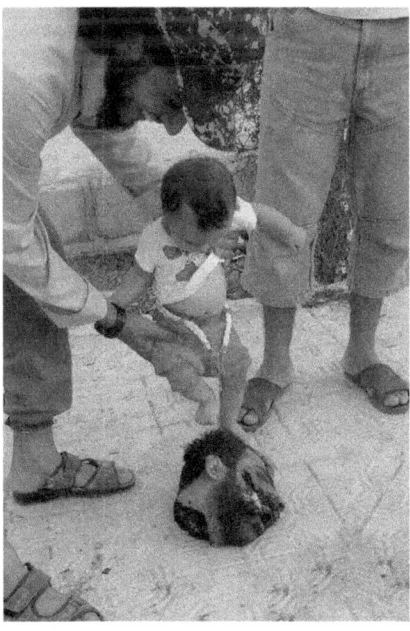

Face à ces pratiques, de nombreuses voix musulmanes s'élèvent pour les dénoncer en affirmant qu'elles sont contraires à l'islam. C'est le cas du Prince jordanien Zeid Ra'ad Al Hussein[1], haut-commissaire aux droits de l'homme, de la Reine Rania[2] de Jordanie, et de 120 savants religieux musulmans[3]. Nous publions à la fin de ce texte un article sur cette dernière prise de position musulmane, ainsi que la réponse du Père Henri Boulad[4].

La question qui se pose est de savoir pourquoi un tel retour à ces pratiques? Est-ce que ces pratiques sont vraiment contraires à l'islam? Et quelle solution proposer pour y mettre fin et éviter leur propagation dans les autres pays arabes et musulmans et en Occident? Pour répondre à ces questions, il faut comprendre la nature du système juridique musulman que nous allons comparer aux autres systèmes juridiques existants.

---

[1] www.blog.sami-aldeeb.com/?p=54168
[2] www.blog.sami-aldeeb.com/?p=54058
[3] www.blog.sami-aldeeb.com/?p=53858
[4] www.blog.sami-aldeeb.com/?p=53940

Chapitre 1.
Différentes conceptions de la loi

Sommairement parlant, il existe trois conceptions de la loi.

1. La loi en tant qu'émanation d'un accord démocratique

Dans ce système, le peuple décide quelle est la loi qui le régit exactement comme il décide du fromage qu'il veut consumer: avec ou sans trous, avec ou sans sel. La loi dans ce pays est territoriale, et les gens sont supposés se comporter selon le principe: «Si fueris Romae, Romano vivito more; si fueris alibi, vivito sicut ibi» (Si tu es à Rome, vis comme les romains; si tu es ailleurs, vis comme on y vit), fameuse parole de Saint Ambroise adressée à Saint Augustin.

2. La loi en tant qu'émanation d'un dictateur

Le terme dictateur vient du latin dictator qui désignait à l'époque de la République romaine un magistrat exceptionnel auquel on attribuait tous les pouvoirs en cas de danger grave pour sauver le pays. Mais aujourd'hui on l'utilise comme synonyme de tyran. Un exemple du dictateur moderne est Staline en Union soviétique: il dicte des lois supposées être, selon ses vues, pour le bien de ses sujets, lesquels ont le choix entre obéir, se faire décapiter ou être exilés en Sibérie. Dans un tel pays, les gens sont supposés se comporter selon le principe: «À Stalingrad, comportez-vous comme le veut Staline».

3. La loi en tant qu'émanation d'une révélation

Différents groupes humains ont cru et continuent à croire que la loi est dictée par un être extraterrestre et transmise par le biais d'un personnage appelé souvent prophète lequel, faisant usage de promesses et de menaces, impose cette loi d'origine divine. Ainsi le prophète et le dictateur sont réunis dans la même personne. Cette conception de la loi se trouve dans le judaïsme et l'islam en raison du rôle politique de leurs fondateurs, mais presque pas dans le christianisme du fait que le Christ n'a pas joué un tel rôle.

A. Conception juive

Selon le judaïsme, le prophète Moïse a reçu la loi oralement et par écrit de Dieu en personne sur le mont Sinaï. Voilà ce que dit la Torah: «Quand Dieu eut fini de parler avec Moïse sur le mont Sinaï, il lui remit les deux tables du témoignage, tables de pierre écrites du doigt de Dieu»[1].

Quand Moïse descendit de la montagne et vit ses gens vénérer le veau d'or, il s'enflamma de colère; il jeta de sa main les tables et les brisa au pied de la montagne. Il prit le veau qu'ils avaient fabriqué, le brûla au feu, le moulut en poudre fine, et en saupoudra la surface de l'eau qu'il fit boire aux Israélites. Il ordonna ensuite aux fils de Lévi: «Ceignez chacun votre épée sur votre hanche, allez et venez dans le camp, de porte en porte, et tuez qui son frère, qui son ami, qui son proche». Et il tomba ce jour-là environ trois mille hommes»[2]. Il existe donc peu de différence entre Moïse et Staline. Et il est certain que si Moïse revenait aujourd'hui, il serait traduit devant la Cour pénale internationale pour crime de guerre et crime contre l'humanité.

La Bible impose l'application de la loi en tout temps et en tout lieu. On y lit:

> Tout ce que je vous ordonne, vous le garderez et le pratiquerez, sans y ajouter ni en retrancher[3].

> Les choses révélées sont à nous et à nos fils pour toujours, afin que nous mettions en pratique toutes les paroles de cette loi[4].

> C'est une loi perpétuelle pour vos descendants, où que vous habitiez[5].

Invoquant ces versets, Maïmonide, le plus grand théologien et philosophe juif décédé au Caire en 1204, écrit:

---

1 Exode 31:18.
2 Exode 32:20 et 27-28.
3 Deutéronome 13:1.
4 Deutéronome 29:28.
5 Lévitique 23:14.

«C'est une notion clairement explicitée dans la loi que cette dernière reste d'obligation éternelle et dans les siècles des siècles, sans être sujette à subir aucune variation, retranchement, ni complément». Celui qui prétendrait le contraire devrait être, selon Maïmonide, «mis à mort par strangulation». Ce châtiment est prévu aussi à l'encontre de celui qui «abolit l'un quelconque des commandements que nous avons reçus par tradition orale», comme à l'encontre de celui qui en donne une interprétation différente de l'interprétation traditionnelle, même s'il produit un signe affirmant qu'il est un prophète envoyé par Dieu[1].

B. Conception romaine et chrétienne

Si nous nous tournons vers Jésus, on voit que son hobby préféré était la marche et raconter des histoires. Il dit de lui-même: «Les renards ont des tanières et les oiseaux du ciel ont des nids; le Fils de l'homme, lui, n'a pas où reposer la tête»[2]. C'est la définition parfaite d'un SDF (sans domicile fixe)

Le Christ n'était pas un homme de pouvoir, mais un moraliste très allergique aux lois. Nous donnons quelques exemples:

Lorsque les scribes et les pharisiens lui amenèrent une femme surprise en flagrant délit d'adultère et lui demandèrent ce qu'il pensait de l'application de la peine de

---

1   Moïse Maïmonide: Le livre de la connaissance, trad. V. Nikiprowetzky et A. Zaoui, Quadrige et PUF, Paris, 1961, p. 97-98.

2   Matthieu 8;20.

lapidation prévue par la loi de Moïse[1], il leur répondit: «Que celui d'entre vous qui est sans péché lui jette le premier une pierre». Et comme tous partirent sans oser jeter une pierre, il dit à la femme: «Moi non plus, je ne te condamne pas. Va, désormais ne pèche plus»[2].

Dans un autre cas, quelqu'un dit à Jésus: «Maître, dis à mon frère de partager avec moi notre héritage». Jésus lui répondit: «Homme, qui m'a établi pour être votre juge ou régler vos partages?» Et il ajouta pour la foule qui l'entendait: «Attention! Gardez-vous de toute cupidité, car au sein même de l'abondance, la vie d'un homme n'est pas assurée par ses biens»[3].

Son annulation de la loi du talion est significative: «Vous avez entendu qu'il a été dit: Œil pour œil et dent pour dent. Eh bien! Moi je vous dis de ne pas tenir tête au méchant: au contraire, quelqu'un te donne-t-il un soufflet sur la joue droite, tends-lui encore l'autre»[4].

Il a aussi aboli les interdits alimentaires prévus par la Torah: «Il n'est rien d'extérieur à l'homme qui, pénétrant en lui, puisse le souiller, mais ce qui sort de l'homme, voilà ce qui souille l'homme». Et Marc de commenter: «Ainsi il déclarait purs tous les aliments»[5].

En raison de l'absence de normes juridiques en nombre suffisant dans les Évangiles et les écrits des apôtres, les chrétiens se rabattirent sur le droit romain. Le jurisconsulte Gaius (décédé v. 180) définit la loi comme étant «ce que le peuple prescrit et établit» (Lex est quod populus iubet atque constituit)[6]. Le système démocratique moderne est basé sur cette conception de la loi. Saint Pierre dit à cet égard: « Comportez-vous en hommes libres » (Première lettre de Pierre 2:16)

Ceci ne signifie pas que les pays de tradition chrétienne n'ont pas eu des moments tragiques. Prenons l'exemple du christianisme du Moyen-Âge avec ses tribunaux d'inquisition. À Genève, en 1555, une décision a été entérinée par Jean Calvin à l'encontre du médecin et théologien Michel Servet brûlé vif. Si vous allez à Genève aujourd'hui, vous trouverez le nom de ce martyr donné à une de ses principales rues pour l'honorer et présenter des excuses en raison du crime commis par l'Église contre lui. Vous y trouverez aussi une stèle sur laquelle les autorités religieuses reconnaissent leur crime. On peut donner plusieurs exemples d'actes infâmes similaires commis par les autorités religieuses chrétiennes, comme William Tyndale traducteur de la Bible en anglais étranglé et brûlé en 1536, Giordano Bruno brûlé vif en 1600, et Galileo condamné en 1616 à ne plus enseigner. Mais ces autorités ont fini par reconnaître leurs crimes. Nous ne pouvons pas imaginer la répétition à Genève de ce qui s'est passé en 1555. Et alors

---

1 Lévitique 20:10; Deutéronome 22:22-24.
2 Jean 8:4-11.
3 Luc 12:13-15.
4 Matthieu 5:38-39.
5 Marc 17:15-19.
6 Gaius: Institutes, texte établi et traduit par Julien Reinach, 2ᵉ tirage, Les Belles Lettres, Paris, 1965, I.3.

que l'Église était hostile aux droits de l'homme jusqu'à très récemment, en particulier dans le domaine de la liberté religieuse, elle a été contrainte de renoncer à son opposition.

Le christianisme ne s'est pas développé de son gré, mais sous la pression constante des autorités dirigeantes et des philosophes des Lumières. Mais il nous faut reconnaître que l'absence de normes juridiques dans l'Évangile a contribué à cette transformation.

C. Conception musulmane

L'Islam enseigne aussi que la loi est descendue de la part de Dieu sur le mont Hira, et que les musulmans doivent appliquer le Coran et se conformer à la tradition (sunnah) du prophète Mahomet. Le Coran comporte de nombreux versets qui confirment ce point de vue, dont nous citons les suivants:

> Obéissez à Dieu, et obéissez à l'envoyé et à ceux parmi vous chargés des affaires. Si vous vous disputez à propos d'une chose, ramenez-la à Dieu et à l'envoyé, si vous croyez en Dieu et au jour dernier. Voilà ce qui est mieux et une meilleure interprétation (4:59).

> Non! Par ton Seigneur! Ils ne croiront que lorsqu'ils te demanderont de juger leurs litiges, qu'ils n'auront trouvé en eux-mêmes nulle gêne pour ce que tu auras décidé, et qu'ils se soumettront complètement (4:65)

> La parole des croyants lorsqu'on les appelle vers Dieu et son envoyé, pour que celui-ci juge parmi eux, [consiste] à dire: «Nous avons écouté et avons obéi». Ceux-là sont ceux qui réussiront (24:51).

> Dis: «Voyez-vous! Ce que Dieu a fait descendre vers vous comme attribution, en faites-vous des choses interdites et des choses permises?» Dis: «Est-ce Dieu qui vous l'a autorisé? Ou bien fabulez-vous sur Dieu?» (10:59).

> Nous avons fait descendre vers toi le livre avec la vérité, confirmant ce qui est devant lui du livre et prédominant sur lui. Juge donc parmi eux d'après ce que Dieu a fait descendre. Ne suis pas leurs désirs, loin de la vérité qui t'est venue (5:48).

On amena à Mahomet un homme et une femme juifs qui avaient commis l'adultère. Il s'informa de la peine prévue dans l'Ancien Testament. Les juifs lui répondirent que l'Ancien Testament prévoit la lapidation[1] mais que leur communauté avait changé cette norme parce qu'on ne l'appliquait qu'aux pauvres. En lieu et place de cette peine, cette communauté avait décidé de noircir le visage des coupables au charbon, de les mener en procession et de les flageller, indépendamment de leur statut social. Mahomet refusa cette modification estimant qu'il était de son devoir de rétablir la norme de Dieu. Il récita alors le verset: «Ceux qui ne jugent pas d'après ce que Dieu a fait descendre, ceux-là sont les pervers» (5:47)[2].

Résumons:

---

1 Lévitique 20:10; Deutéronome 22:22-24.
2 Voir Muslim, récit 3212; Al-Tirmidhi, récit 3157; Abu-Da'ud, récits 3857 et 3858; Ibn-Majah, récit 2548; Ahmad, récits 2250, 4437 et 17794.

Mont Sinaï (2285 mètres) lieu de la révélation au prophète Moïse

Mont Hira (642 mètres) lieu de la révélation au prophète Mahomet

Mont Rose en Suisse (4634 mètres): Aucune révélation reçue

Ibn-Khaldoun (décédé en 1406), grand philosophe et historien musulman à tendance matérialiste, spécule sur le lien entre le climat et la prophétie, estimant que les prophètes ne peuvent exister que dans des zones tempérées comme au Proche-Orient[1]. Est-ce donc le froid qui empêche la descente de la révélation sur le Mont Rose en Suisse (4634 mètres)? Les mauvaises langues affirment au contraire que si les prophètes sont tous venus de l'Orient, c'est tout simplement parce que les orientaux sont crédules, facilement influençables.

Répondant à la question concernant ceux qui refusent d'appliquer la loi musulmane sous prétexte qu'elle ne convient pas à notre époque, le cheikh Muhammad Mitwalli Al-Sha'rawi (décédé en 1998) dit:

---

1 http://goo.gl/zZiMrC

Nous disons à ces gens aux conceptions corrompues: consultez d'abord votre croyance. Celui qui essaie de juger les principes de la loi islamique en fonction de ses opinions et estime qu'elle ne convient pas à notre époque, nous lui demandons de consulter sa foi. Je n'accepte pas une telle position de la part d'un croyant qui se dit musulman et croyant, et je lui dis: « Crois-tu en Dieu et en son messager? Si tu y crois, tu es tenu de te soumettre à loi de Dieu. ».. Si j'étais le responsable de ce pays ou la personne chargée d'appliquer la loi de Dieu, je donnerais un délai d'une année à celui qui rejette l'islam, lui accordant le droit de dire qu'il n'est plus musulman. Alors je le dispenserais de l'application du droit musulman en le condamnant à mort en tant qu'apostat[1].

L'obligation d'appliquer le droit musulman, avec une conséquence fatale en cas de refus, peut couvrir des matières illimitées, même très controversées. Pour donner un exemple extrême, Jad-al-Haq, le cheikh de l'Azhar (décédé en 1996) a déclaré dans une fatwa (décision religieuse) issue en 1994:

Si une contrée cesse, d'un commun accord, de pratiquer la circoncision masculine et féminine, le chef de l'État lui déclare la guerre car la circoncision fait partie des rituels de l'islam et de ses spécificités. Ce qui signifie que la circoncision masculine et féminine est obligatoire[2].

Pour les musulmans, Dieu est le législateur (al-musharri'), terme qui provient de la même racine que sharia); il montre ce qui est bon et ce qui est mauvais, même dans le domaine de la nourriture. L'opinion de la majorité ne compte pas là où il y a un texte religieux. Les musulmans ne connaissent le concept de la souveraineté du peuple que dans les domaines non réglés par la loi religieuse[3]. Ainsi la majorité ne peut abolir l'interdiction de l'alcool, ni l'inégalité entre les hommes et les femmes en matière successorale et de témoignage. Sur cette base, Hani Ramadan, imam de la mosquée de Genève, refuse de condamner la lapidation parce qu'elle est prévue par la loi islamique, allant jusqu'à invoquer la présence de cette sanction dans la Torah. Comment peut-on alors condamner une sanction dictée par Dieu?[4]

---

[1] Muhammad Mitwalli Al-Sha'rawi: Qadaya islamiyyah, Dar al-shuruq, Beyrouth et le Caire, 1977, p. 28-29.

[2] Voir Aldeeb Abu-Sahlieh: Khitan, annexe 6: http://goo.gl/nXMLZl

[3] 'Abd-al-Hakim Hasan Al-'Ayli: Al-hurriyyat al-'ammah, Dar al-fikr al-'arabi, le Caire, 1974, p. 214-216.

[4] Voir l'émission de la télévision suisse romande Infrarouge: http://goo.gl/hNxLMX ainsi que

Pour les auteurs musulmans:
- Si la question à réglementer fait l'objet d'un texte du Coran ou de la Sunnah, à la fois authentique et clair, la nation ne peut que s'y soumettre; elle ne saurait établir une règle contraire.
- Si le sens peut prêter à différentes interprétations, la nation peut essayer d'en déduire une solution à partir de la compréhension du texte, en préférant une interprétation à une autre.
- En l'absence de texte, la nation est libre d'établir la norme qui lui convient, à condition que cette norme soit dans le respect de l'esprit du droit musulman et de ses règles générales et qu'elle ne soit pas contraire à une autre norme musulmane[1].

Dans les pays musulmans, le droit musulman joue un rôle important dans presque tous les aspects de la vie. Ainsi, il sert de référence pour déterminer ce qui est licite et ce qui est illicite dans les domaines de l'éthique sexuelle (mixité entre hommes et femmes, rapports sexuels hors mariage, etc.) et médicale (avortement, procréation artificielle, planification familiale, tabagisme, clonage, etc.), de la tenue vestimentaire, des interdits alimentaires, des limites du sport, des restrictions sur le plan artistique et de la liberté d'expression, de l'économie (intérêts pour dettes et activités bancaires, paris et jeux de hasard, assurances, impôt religieux, etc.), du travail de la femme et de sa participation à la vie politique, de l'intégrité physique (circoncision masculine et féminine), etc.

Toutefois, sur le plan formel, le système juridique des pays musulman est un système hybride, composé principalement de lois inspirées du droit occidental, à commencer par la constitution elle-même, le code civil, le code pénal, le code administratif, les codes de procédure, etc. Le droit musulman ne persiste que dans le domaine du statut personnel (droit de la famille et des successions) et, dans certains pays comme l'Arabie saoudite et l'Iran, dans le domaine du droit pénal. Et ce, malgré le fait que les constitutions des pays musulmans affirment que l'islam est religion d'État et que le droit musulman est une source, voire la source principale du droit.

Rappelons ici que sur le plan du droit de la famille, certains de ces pays maintiennent le système de la personnalité des lois établie par le Coran (5:44-48), permettant aux communautés non-musulmanes, voire musulmanes d'avoir leurs tribunaux ou/et d'appliquer leurs propres lois religieuses. Seule la Turquie a pu mettre fin à ce système en adoptant le code civil suisse en 1926. Parmi les raisons invoquées, on lit: "Les lois qui s'inspirent des religions enchaînent les sociétés dans lesquelles elles sont appliquées, aux époques primitives où elles ont pris naissance, et elles constituent des facteurs invincibles qui empêchent le progrès". On peut certes considérer l'autorisation des lois et des tribunaux communautaires comme

---

l'article transcrivant les propos de Hani Ramadan: www.blog.sami-aldeeb.com/?p=4601

1   Fathi 'Abd-al-Karim: Al-dawlah wal-siyadah fil-fiqh al-islami, Maktabat Wahbah, Le Caire, 1977, p. 227-228; 'Abd-al-Jalil Muhammad 'Ali: Mabda' al-mashru'iyyah fil-nidham al-islami wal-andhimah al-qanuniyyah al-mu'asirah, 'Alam al-kutub, Le Caire, 1984, p. 216-224.

signe de tolérance, mais ce système cautionne des inégalités. Ainsi un musulman peut épouser une femme chrétienne, mais un chrétien ne peut pas épouser une femme musulmane, et un apostat voit son mariage interdit ou dissous, ses enfants enlevés et sa succession ouverte[1]. Même en Tunisie, pourtant vantée pour son code de statut personnel progressiste, un chrétien ne peut pas épouser une musulmane.

Signalons ici que tous les pays où existe un système de personnalité des lois et des juridictions sont des pays faibles politiquement et exposés aux guerres civiles. Et de ce fait, il est nécessaire d'abolir le système de la personnalité des lois, mais en accordant des droits égaux à tous, sans distinction de religion ou de sexe, sur le plan du mariage et des successions. C'est d'ailleurs un des moyens adoptés par la Suisse pour garantir la paix confessionnelles entre catholiques et protestants dans sa constitution de 1874 qui a supprimé toutes les juridictions religieuses (article 58), a mis le mariage "sous la protection de la constitution", déclarant qu'"aucun empêchement au mariage ne peut être fondé sur des motifs confessionnels" (article 54) et garantissant la liberté de religion à partir de l'âge de 16 ans (article 49)[2].

---

1   Voir http://www.sami-aldeeb.com/articles/view.php?id=154
2   Voir http://mjp.univ-perp.fr/constit/ch1874.htm

Chapitre 2.
Impact de la conception islamique dans les pays musulmans

La conception de la loi affecte la conception des droits de l'homme. Et ici nous pouvons distinguer entre la conception dictatoriale et religieuse des droits de l'homme et la conception démocratique laïque de ces droits.

1. Conception laïque démocratique des droits de l'homme

La Déclaration universelle des droits de l'homme et les autres documents internationaux, principalement d'inspiration occidentale, ne comportent aucune mention de Dieu. Les tentatives visant à le mentionner dans ces documents ont échoué. Les droits de l'homme, dans la Déclaration universelle, n'ont pas leur raison d'être dans un commandement divin, mais dans la volonté de l'Assemblée générale des Nations Unies basée sur les considérations d'intérêt général. Il s'agit de créer des conditions de vie sociale à l'échelle internationale, le respect des droits de l'homme ayant été jugé comme nécessaire pour que «l'homme ne soit contraint, en suprême recours, à la révolte contre la tyrannie et l'oppression»[1]. La conception laïque démocratique des droits de l'homme se caractérise notamment par le rejet de toute distinction entre les gens sur la base du sexe ou de la religion[2], handicap majeur des systèmes basés sur une loi révélée. Mentionnons notamment l'article 2 al. 2 de la Déclaration universelle des droits de l'homme qui stipule: "Chacun peut se prévaloir de tous les droits et de toutes les libertés proclamés dans la présente Déclaration, sans distinction aucune, notamment … de sexe, … de religion…."

2. Conception dictatoriale et religieuse des droits de l'homme

Selon cette conception, la loi et les droits de l'homme qu'elle préconise ne découlent pas du peuple, mais du dictateur ou de Dieu, ce qui en fait revient au même, tous deux dictant des lois sans se référer aux personnes concernées, Dieu servant de paravent derrière lequel se cache le religieux pour mieux faire avaler la pilule aux crédules. Prenons comme exemple ce que dit le préambule de la Déclaration islamique universelle des droits de l'homme promulguée en 1981 par le Conseil islamique (dont le siège est à Londres)[3]:

---

[1] Sur les tentatives visant à introduire Dieu dans la Déclaration universelle des droits de l'homme voir notre ouvrage: Non-musulmans en pas d'Islam, cas de l'Egypte, 2012, p. 353-354 (http://goo.gl/5wwjAh)

[2] Mentionnons notamment l'article 2 al. 2 de la Déclaration universelle qui stipule: «Chacun peut se prévaloir de tous les droits et de toutes les libertés proclamés dans la présente Déclaration, sans distinction aucune, notamment … de sexe, … de religion».

[3] Le lecteur intéressé peut trouver onze projets de déclarations et déclarations ou chartes des droits de l'homme issus du monde arabo-musulman dans notre ouvrage Projets de constitutions islamiques et déclarations des droits de l'homme, 2012 (http://goo.gl/eBhnrK)

> Nous les musulmans, dans la diversité de nos appartenances ethniques et géographiques,
>
> Forts de notre dépendance vis-à-vis de Dieu, l'unique et le dominateur,
>
> Forts de notre foi dans le fait que Dieu est le maître souverain de toute chose en cette vie immédiate comme en la vie ultime [...]
>
> Forts de notre conviction que l'intelligence humaine est incapable d'élaborer la voie la meilleure en vue d'assurer le service de la vie, sans que Dieu ne la guide et ne lui en assure révélation:
>
> Nous, les Musulmans, [...] nous proclamons cette Déclaration, faite au nom de l'islam, des droits de l'homme tels qu'on peut les déduire du très noble Coran et de la très pure Tradition prophétique (Sunnah). À ce titre, ces droits se présentent comme des droits éternels qui ne sauraient supporter suppression ou rectification, abrogation ou invalidation[1].

Signalons que les auteurs de cette Déclaration ont publié une version originale arabe et deux traductions française et anglaise qu'ils ont distribuées lors de sa présentation au sein de l'UNESCO. Ces deux traductions diffèrent de l'original arabe. On a découvert le pot aux roses en comparant les deux versions et en traduisant littéralement l'original arabe. Malgré cette tromperie manifeste, les auteurs de cette déclaration ne se sont jamais excusés[2].

Contrairement à la conception démocratique, la conception religieuse des droits de l'homme ne reconnaît pas l'égalité devant la loi sans discrimination fondée sur la religion ou le sexe. Ainsi, à titre d'exemple, la Déclaration islamique universelle des droits de l'homme ne comporte pas de disposition similaire à l'article 2 al. 2 de la Déclaration universelle des droits de l'homme susmentionné. C'est la conception adoptée par tous les régimes actuels arabo-musulmans et les courants islamistes opposés à ces régimes. Nous trouvons l'influence de cette conception dans plusieurs domaines notamment:

A. Droits politiques

Le chapitre 33 du Coran porte comme titre: Al-ahzab, les partis ou les factions. Le Coran utilise ce terme vingt fois. Dans deux passages (5:56; 58:19-22), il oppose le parti de Satan (hizb al-shaytan) à celui de Dieu (hizb Allah), nom que porte un parti politique au Liban. Selon ces perspectives les érudits musulmans, dont Ibn-Taymiyyah[3], interdisent l'émergence de partis politiques qui ne prennent pas la

---

[1] Pour la version complète de cette déclaration, voir notre ouvrage *Projets de constitutions islamiques et déclarations des droits de l'homme*, op. cit., p. 145 et sv.

[2] Pour la version réduite de cette déclaration, voir notre ouvrage *Projets de constitutions islamiques et déclarations des droits de l'homme*, op. cit., p. 135 et sv.

[3] Consulté sur la possibilité d'avoir des partis politiques, Ibn-Taymiyyah (1263-1327) répondit qu'il n'y voyait rien contre si les gens qui appartiennent à ces partis sont réunis «autour de ce que Dieu et son prophète ont ordonné, sans rien y ajouter ou en retrancher» (Ibn-Taymiyyah: Magmu'uat al-rassa'il wal-massa'il, vol, I, pp. 152-153, cité par Muhammad Salim 'Awwa: Fil-nizam al-siyassi lil-dawlah al-islamiyyah, 7ème éd., Dar al-shuruq, Beyrouth & Le Caire 1989, pp. 76-77).

religion comme base. Cette toile de fond est la raison de l'absence d'une culture et d'une pratique politique multipartite démocratique dans le monde arabo-musulman. On trouve cette position dans des projets constitutionnels islamiques[1]. Ainsi, l'article 19 du projet constitutionnel du Parti de libération islamique statue:

> Les musulmans ont le droit de constituer des partis politiques pour demander des comptes aux gouverneurs ou pour parvenir au pouvoir par la voie de la Communauté islamique à condition que ces partis soient basés sur le dogme islamique et que les normes qu'ils adoptent soient islamiques. La constitution de partis politiques ne nécessite aucune autorisation. Tout regroupement qui se fonde sur d'autres bases que l'Islam est interdit.

Le projet constitutionnel de l'Azhar ne dit aucun mot de la constitution des partis politiques. Il en est de même du projet des Frères musulmans. Ce silence probablement est à interpréter comme une interdiction. Le projet constitutionnel de Wasfi dit: «Il est interdit de créer des partis politiques positivistes» (art. 38). Ce dernier terme est utilisé pour caractériser le droit positif d'inspiration non musulmane. Ce qui signifierait que les partis politiques selon le modèle occidental sont interdits. Le projet constitutionnel de Garishah autorise la création de partis politiques dans la mesure où ils ne violent pas la loi islamique (art. 4). Il en est de même du projet constitutionnel du Conseil islamique (art. 18.a).

B. Droits de la femme

Nous mentionnons ici la polygamie, la répudiation, l'inégalité entre hommes et femmes en matière d'héritage et de témoignage, le refus de l'accès aux fonctions publiques tels que dans le pouvoir judiciaire et autres, l'imposition aux femmes de vêtements particuliers pour ne pas susciter l'excitation chez l'homme. S'il est vrai qu'il y a eu des progrès dans certains pays arabo-musulmans pour supprimer certaines formes de discrimination contre les femmes, les courants islamiques continuent à rejeter ces progrès en se fondant sur la religion. Les États arabo-musulmans ont émis des réserves contre les documents des Nations Unies qui reconnaissent le principe de l'égalité entre les hommes et les femmes, et ces réserves sont basées sur la religion.

---

[1] Le lecteur intéressé peut trouver six projets de constitutions islamiques dans notre ouvrage Projets de constitutions islamiques et déclarations des droits de l'homme, op. cit., p. 9-90.

C. Liberté d'expression

Il suffit ici de mentionner la pendaison au Soudan de Mahmoud Muhammad Taha, l'assassinat en Égypte de Farag Foda, l'affaire d'Abu Zayd divorcé de sa femme par la Cour de cassation, affirmant son apostasie, tous deux exilés aux Pays-Bas pour ne pas être tués par les islamistes. Il existe de nombreuses fatwas contre les intellectuels dont on ne parlera pas ici, mais je mentionnerai plus loin la position d'Al-Qaradawi contre les laïques.

D. Liberté religieuse

Encore aujourd'hui la majorité des musulmans et leurs institutions religieuses et étatiques considèrent comme apostat le musulman qui quitte sa religion, alors que l'apostasie ne devrait pas être considérée comme un crime, mais comme un droit sacré. En effet, personne ne devrait être contraint à vénérer Dieu en violation de sa propre conscience. Bien que les lois des pays arabo-musulmans ne mentionnent pas toutes l'exécution de l'apostat selon le hadith «Celui qui change sa religion, tuez-le», toutes le considèrent comme mort civilement: elles l'empêchent de se marier, le séparent de sa femme et de ses enfants, le privent de son droit à la succession et liquident son héritage, le privent de son travail et l'obligent pratiquement à quitter son pays pour échapper à la mort. Notons ici que, contrairement à celui qui quitte l'islam, celui qui se convertit à l'islam est bien accueilli. Cela signifie que la liberté religieuse est à sens unique[1].

E. Minorités religieuses

Il est vrai que les gens du livre ont été reconnus par les musulmans. Le Coran établit à cet effet ce qu'on appelle le système de la personnalité des lois[2]. Les communautés reconnues, à savoir les juifs, les chrétiens, les sabéens et les zoroastriens, appelés Gens du Livre, peuvent vivre selon leurs lois[3].

---

[1] Voir sur ce sujet notre ouvrage: http://goo.gl/BMmWsZ

[2] Le système de la personnalité des lois se base sur les versets coraniques 5:42-50. Pour plus de développement sur ce système, voir mon article www.sami-aldeeb.com/articles/view.php?id=154

[3] Ces groupes sont mentionnés par le Coran dans les versets suivants: 2:62; 5:69 et 22:17.

Toutefois, les droits des Gens du Livre demeurent soumis à des restrictions contraires aux droits de l'homme. Par exemple, un chrétien ne peut épouser une musulmane, à moins de se convertir à l'islam, alors que le musulman a le droit d'épouser une chrétienne[1]. Des milliers de chrétiens travaillant en Arabie saoudite ont interdiction de pratiquer leur religion et d'avoir des églises alors que ce pays construit les mosquées en Occident[2]. Dernièrement, le plus haut responsable religieux saoudien a émis une fatwa dans laquelle il prône ouvertement la destruction de toutes les églises dans les pays arabes de la Péninsule arabique qui les tolèrent[3], ce qui a provoqué la condamnation des évêques d'Autriche et d'Allemagne[4].

En Égypte, la loi impose des exigences excessives pour la construction ou la réparation des églises. Nous rappelons qu'un groupe de chrétiens a commencé la construction d'une église appelée «Église de la Vierge Marie et de l'Ange Michel» dans la région de Gizeh mais le gouvernement a décidé d'interrompre la construction en argumentant qu'il y avait suffisamment d'églises en Égypte[5]. Il faut signaler que nombreux sont les convertis à l'islam pour échapper aux discriminations qu'ils subissaient, ou sous l'effet de l'épée comme c'est le cas des Berbères en Afrique du Nord qui ont quitté l'Islam plus d'une fois et ont été forcés d'y retourner[6].

D'autre part, les gens sans livres sacrés n'ont pas été reconnus. Encore aujourd'hui les pays arabo-musulmans refusent de reconnaître les bahaïs[7], sans parler de la tragédie des yézidites en Irak. Ajoutons que des milliers de musulmans en Afrique du Nord[8], particulièrement en Algérie[9] et au Maroc[10], se sont convertis au christianisme mais leurs gouvernements ne reconnaissent pas leur religion, ne leur permettent pas d'avoir des lieux de culte, et même en jugent certains pour apostasie.

F. Sanctions corporelles et intégrité physique

Un certain nombre de pays musulmans appliquent des sanctions telles que la flagellation, l'amputation, la lapidation et la loi du talion (œil pour œil et dent pour dent), partant de normes islamiques. Ces sanctions sont contraires aux droits de

---

[1] Huit familles coptes ont été chassées de leurs villages parce qu'un copte aimait une fille musulmane (www.blog.sami-aldeeb.com/?p=20261).

[2] Voir ce documentaire http://www.youtube.com/watch?v=O-G9RCmBkzE

[3] www.blog.sami-aldeeb.com/?p=20731

[4] www.blog.sami-aldeeb.com/?p=20788

[5] Voir sur ce fait http://goo.gl/EAQidD

[6] Voir Mohammed Sadok Bel Ochi: La conversion des Berbères à l'Islam, Tunis: Maison tunisienne de l'édition, 1981 (http://goo.gl/gjWWXh)

[7] Voir sur ce sujet notre ouvrage: http://goo.gl/bmGMUl

[8] Voir de nombreux articles sur l'apostasie dans: blog.sami-aldeeb.com/category/apostasie/

[9] Voir notamment www.blog.sami-aldeeb.com/?p=15055, www.blog.sami-aldeeb.com/?p=7399 et www.blog.sami-aldeeb.com/?p=7174

[10] Voir notamment www.blog.sami-aldeeb.com/?p=14347

l'homme et ont été condamnées par Amnesty international. La principale raison pour laquelle les pays arabo-musulmans ne parviennent pas à abolir la peine de mort est la mention de cette sanction dans le Coran, malgré le fait que le nombre des crimes punissables de mort dans le Coran soit très réduit comparé au nombre des crimes contre lesquels les lois de ces pays prévoient une telle sanction[1].

3.. Retour des intégristes musulmans

A. Mettre fin à la dualité du droit

La situation actuelle dans les pays musulmans sur le plan des droits de l'homme est loin d'être rose. Mais que nous promettent les intégristes musulmans sur le plan des droits de l'homme?

Les milieux fondamentalistes voudraient que la dualité qui existe dans le système juridique des pays musulmans disparaisse en faveur de l'application exclusive du droit musulman. Pour eux, il n'est pas possible de faire de l'éclectisme, prenant une partie du droit musulman et fermant les yeux sur le reste. Le Coran affirme à cet égard:

> Croyez-vous donc en une partie du livre et mécroyez-vous dans l'autre partie? La rétribution de ceux parmi vous qui font cela ne sera que l'ignominie dans la vie ici-bas, et au jour de la résurrection, ils seront ramenés au châtiment le plus fort. Dieu n'est pas inattentif à ce que vous faites (2:85).

Les intégristes ne critiquent pas les violations actuelles des droits de l'homme causées par les normes islamiques. Bien au contraire, ils demandent aux régimes politiques d'adopter des positions plus compatibles avec leur conception de la religion et du Coran et d'abandonner les lois en vigueur. Certains mouvements intégristes ont même établi des projets de constitutions en accord avec leur conception[2]. Si ces constitutions étaient appliquées, il est certain que les violations des droits de l'homme dans les pays musulmans s'intensifieraient, notamment dans le domaine des partis politiques, de la liberté d'opinion, des droits des femmes et des non-musulmans et de l'application des sanctions islamiques.

Mais sur ce plan, il faudrait sortir du cadre réduit des mouvements islamistes. En Égypte, de nombreux projets de code pénal ont été présentés au parlement. Le plus important est celui de 1982. La commission chargée de sa rédaction était composée «de l'élite des savants de l'Azhar, de professeurs universitaires et de juges», selon l'expression du Président de la Commission. Parmi ceux-ci figurent le mufti de la République, un ancien président, un vice-président et des conseillers de la Cour de cassation, le secrétaire général du Conseil suprême des affaires islamiques, plusieurs professeurs des universités de l'Azhar, du Caire, de 'Ain-Shams et de Mansurah. Ces savants ont peiné pendant 40 mois pour pondre 630 articles accompagnés d'un mémoire imposant de 230 pages grand format où l'on retrouve

---

1   Sur la peine de mort, voir mon article www.sami-aldeeb.com/articles/view.php?id=132
2   Le lecteur intéressé peut trouver six projets de constitutions islamiques dans notre ouvrage Projets de constitutions islamiques et déclarations des droits de l'homme, op. cit., p. 9-90

toute la panoplie des délits et des châtiments islamiques: loi du talion (vie pour vie, œil pour œil, etc.), lapidation pour adultère, mise à mort par pendaison pour apostasie, amputation des mains et des pieds et flagellation. Le Président de cette commission dit: «Cette journée est un jour de fête pour nous parce qu'elle réalise le plus grand souhait de chaque membre de notre nation»[1].

La Ligue arabe a préparé un projet de code pénal similaire[2] approuvé en 1996 par tous les ministres arabes de la justice. Il en fut de même du Conseil de coopération des pays du Golfe[3].

On peut alors se demander où se trouve la ligne de démarcation entre les institutions étatiques et les mouvements islamistes. Mais restons dans le cadre de ces derniers.

Les intégristes veulent le retour au droit musulman par tous les moyens:
- Propositions de projets de la loi
- Contestation de la constitutionnalité des lois existantes
- Appel à la désobéissance civile des juges
- Procès et menace physique contre les adversaires
- Révolte armée, comme celle survenue en Algérie et ailleurs.

Ceci crée un climat de peur:
- parmi les régimes locaux
- parmi les intellectuels libéraux musulmans
- parmi les femmes
- parmi les minorités non-musulmanes.

Cette peur est fondée:
- Les mouvements musulmans ont d'ores et déjà exprimé leurs intentions implicites ou explicites à travers les modèles de constitutions préparés.
- Les expériences dans les pays fondamentalistes (comme l'Arabie saoudite), ou ceux qui sont devenus fondamentalistes (comme l'Afghanistan, l'Iran, etc.) ne sont pas rassurantes. Ce qui se passe en Irak et en Syrie leur donne raison.

Mais jusqu'où iront les islamistes? Il va de soi que ces mouvements veulent appliquer le droit musulman, et en premier lieu le droit pénal. Mais le droit musulman ne se limite pas à ce dernier, et couvre pratiquement tous les aspects de la vie, y compris les aspects culturels et les rapports entre les pays musulmans et les non-musulmans réglés généralement par les normes relatives au jihad visant à conquérir le monde et le soumettre au droit musulman. Attardons-nous ici sur trois

---

1 Al-mudhakkarah al-idahiyyah lil-iqtirah bi-mashru' qanun bi-isdar qanun al-'uqubat, Lagnat taqnin ahkam al-shari'ah al-islamiyyah, dossier de la 70ᵉ séance de Maglis al-sha'b du 1er juillet 1982, p. VII (www.scribd.com/doc/63684413)

2 http://carjj.org/node/237

3 http://goo.gl/kKfOoH

domaines auxquels on prête généralement peu d'attention: l'excision des femmes, les statues et l'esclavage.

B. Excision

L'Egypte pratique largement l'excision des femmes. L'OMS estime que 95.8% des femmes en Egypte étaient excisées en 2005[1]. Les Frères musulmans ont été souvent ses principaux défenseurs, s'opposant à toute loi visant à l'abolir[2]. La députée Azza El-Garf, une personnalité éminente du Parti de la liberté et de la justice – l'aile politique du groupe islamiste des Frères musulmans, n'a pas hésité à afficher son soutien à cette pratique[3]. Bien plus, un de leurs principaux prédicateurs, Wajdi Ghanem, a osé en parler devant des Tunisiens, estimant qu'il s'agissait d'une opération esthétique, en invoquant des récits de Mahomet qui l'approuvent[4], et ce malgré le fait que la Tunisie, contrairement à l'Egypte, n'excise pas ses femmes. Ce qui a provoqué un tollé général dans les milieux féministes et libéraux tunisiens[5].

C. Statues

Bouddha avant et après 2001

Concernant les statues, nous avons tous en mémoire la destruction des statues géantes de Bouddha par les Talibans en Afghanistan en 2001 en application des

---

1   www.measuredhs.com/pubs/pdf/WP39/WP39.pdf.
2   Voir mon ouvrage Circoncision masculine – circoncision féminine: débat religieux, médical, social et juridique, 2012 (http://goo.gl/9GBo3E)
3   www.blog.sami-aldeeb.com/?p=20935
4   Voir par exemple http://goo.gl/7FdcAA
5   Voir par exemple www.blog.sami-aldeeb.com/?p=20227

normes islamiques qui reprennent en fait le deuxième commandement chez les juifs[1]. Est-ce que cela risque de se répéter avec les mouvements islamistes? Rien ne peut l'exclure.

Aujourd'hui, en Inde, des musulmans appellent à la destruction des divinités hindoues[2]. Aux Maldives, des statues bouddhistes ont été vandalisées par des manifestants musulmans[3]. Al-Qaradawi, principal idéologue des frères musulmans, soutient ouvertement dans ses écrits, sans la moindre ambiguïté, la destruction des statues[4]. Invoquant ce dernier, les salafistes égyptiens appellent à la destruction du Sphinx, des Pyramides et des statues pharaoniques, ou au moins à couvrir leurs visages de cire. Des statues auraient déjà été détruites[5]. A Alexandrie, le parti salafiste Hizb al-nour (parti de la lumière!) a couvert en novembre 2011 la fontaine de Zeus avec un voile intégral et lui a mis au cou une pancarte électorale[6]. Ce parti a obtenu 24% des sièges du parlement égyptien de 2012. Ces informations ont jeté l'effroi dans les milieux touristiques égyptiens.

D. Esclavage

Quant à l'esclavage, il s'agit d'un pendant du jihad. A la suite de la guerre, des ennemis, hommes, femmes et enfants, sont réduits en esclavage, font partie du

---

1. La Bible dit: «Je suis Yahvé, ton Dieu, qui t'ai fait sortir du pays d'Égypte, de la maison de servitude. Tu n'auras pas d'autres dieux devant moi. Tu ne te feras aucune image sculptée, rien qui ressemble à ce qui est dans les cieux, là-haut, ou sur la terre, ici-bas, ou dans les eaux, au-dessus de la terre. Tu ne te prosterneras pas devant ces dieux et tu ne les serviras pas, car moi Yahvé, ton Dieu, je suis un Dieu jaloux" (Exode 20:2-5. Voir mon article L'art figuratif en droit juif, chrétien et musulman: www.sami-aldeeb.com/articles/view.php?id=188)
2. www.blog.sami-aldeeb.com/?p=20317
3. www.blog.sami-aldeeb.com/?p=20151
4. www.blog.sami-aldeeb.com/?p=17323
5. www.blog.sami-aldeeb.com/?p=18617
6. http://goo.gl/NDzPQx

butin de guerre, et deviennent une marchandise qu'on achète et qu'on vend dans les marchés comme du bétail, et dont on se sert pour le travail et comme objet sexuel. Le droit musulman consacre de larges chapitres à cette institution même si le Coran prévoit leur libération pour expier certains délits. Cette institution a été connue de toutes les civilisations et n'a été abolie que tardivement, y compris dans les pays musulmans, sous la pression des pays occidentaux.

Malgré cette abolition, il y a encore des nostalgiques de l'esclavage. C'est le cas du grand savant pakistanais Al-Mawdoudi[1]. Le professeur égyptien Ahmed Hamad Ahmed, docteur de la Sorbonne, a proposé une loi uniforme pour les armées islamiques dans laquelle il explique qu'il est possible de réduire les femmes de l'ennemi en esclavage et de les distribuer entre les soldats musulmans. Cette loi, selon ce professeur, devrait remplacer les Conventions de Genève[2]. Le cheikh Salah Abu Ismail, ex-parlementaire égyptien et père d'un des candidats à la présidence de l'Egypte, prône la même idée[3] qu'on retrouve dans plusieurs vidéos récentes postées sur internet[4]. On y entend des propos à frémir, prouvant que les milieux religieux ont de la peine à se départir des normes islamiques classiques.

L'Etat islamique en Syrie et en Irak ne fait que remettre à l'ordre du jour et en pratique les enseignements du droit musulman classique que ces personnes appellent de tout leur cœur.

---

[1] Abu-al-A'la Al-Mawdoudi: al-islam mi muwajaha al-tahaddiyat al-mu'asirah, Dar al-qalam, Kuwait, 1978, p. 63-109 (http://www.scribd.com/doc/62597517)

[2] Ahmad Hamad Ahmad: Nahw qanun muwahhad lil-jiyush al-islamiyyah, Maktabal al-malik faysal al-islamiyyah, Doha, 1988. Ce livre a été réédité par Dar al-wafa' à Alexandrie en 2000 (www.blog.sami-aldeeb.com/?p=14779)

[3] Salah Abu-Isama'il: Al-Shahadah, Dar al-i'tissam, le Caire, 1984, p. 78-79 (www.scribd.com/doc/63688856)

[4] Voir: http://goo.gl/2cSvWO; http://goo.gl/pKynBv; www.blog.sami-aldeeb.com/?p=12281

Chapitre 3.
Propositions des libéraux musulmans

1. Soigner les racines

Face à la tendance intégriste, il existe un courant gouvernemental qui refuse le changement de la situation. Ainsi, l'Égypte ne souhaite pas modifier les normes du statut personnel contraires aux droits de l'homme en ce qui concerne les femmes et les non-musulmans, et ce afin de ne pas irriter les courants intégristes. En revanche, elle refuse d'abandonner le Code pénal actuel pour le remplacer par le code pénal islamique comme l'exigent les intégristes

Que pensent les libéraux musulmans? Avant d'exposer leur point de vue, il faut savoir qu'ils sont peu nombreux, ceux qui s'expriment le font souvent avec beaucoup de précautions, et ce qu'ils écrivent n'est pas enseigné dans les universités arabes et souvent mal distribué.

Pour comprendre la position des libéraux musulmans, il faut savoir que le droit musulman est comparé à un arbre et il est divisé en deux parties: les racines et les branches. La partie des racines répond aux questions suivantes: qui fait la loi? Où se trouve-t-elle? Où et quand l'appliquer? Comment l'interpréter? Quel est son but? Le tout est basé sur l'idée que la révélation est la source principale du droit et de ce fait elle est immuable. Quant aux branches, il s'agit des domaines couverts par le droit musulman dans le sens large: prière, aumône, jeûne, pèlerinage, droit de la famille, successions et testaments, contrats, sanctions, pouvoir, guerre.

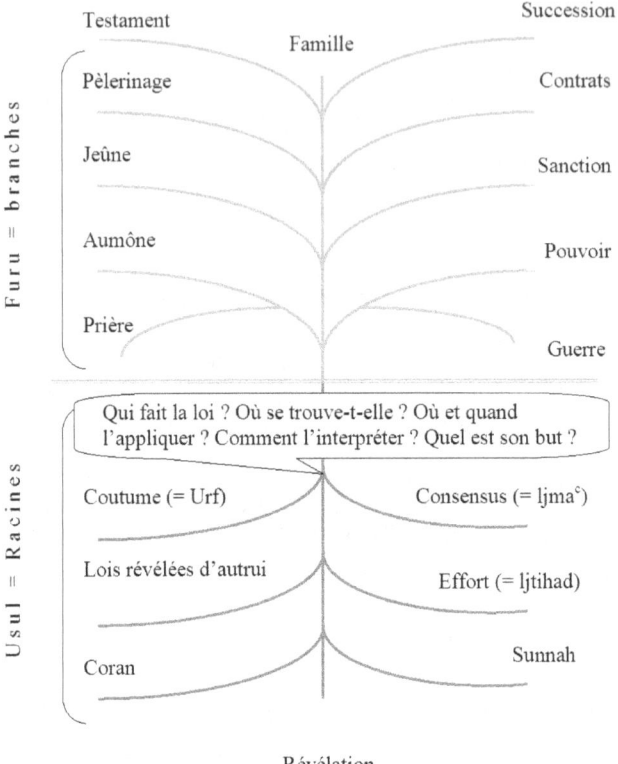

Les violations des droits de l'homme touchent les branches, mais pour les faire cesser il faut s'attaquer aux racines. C'est ce que tentent de faire les libéraux musulmans sous différentes formes:

2. Distinction entre le Coran mecquois et le Coran médinois

Quand j'étais jeune, je me suis heurté à des textes de la Bible qui m'ont rendu perplexe. Parmi ces textes je vous cite ce passage du Livre de Samuel I, chapitre 15, qui commence comme suit:

Samuel dit à Saül: C'est moi que l'Éternel a envoyé pour t'oindre roi sur son peuple, sur Israël: écoute donc ce que dit l'Éternel. Ainsi parle l'Éternel des armées: Je me souviens de ce qu'Amalek fit à Israël, lorsqu'il lui ferma le chemin à sa sortie d'Égypte. Va maintenant, frappe Amalek, et dévouez par interdit tout ce qui lui appartient; tu ne l'épargneras point, et tu feras mourir hommes et femmes, enfants et nourrissons, bœufs et brebis, chameaux et ânes.

Je me suis demandé si la Bible pouvait provenir de Dieu alors qu'elle comporte de tels enseignements cruels? Et peut-on appeler Samuel prophète? Si en effet Samuel revenait en vie, il serait jugé pour crime de guerre et crime contre l'humanité.

En 1978, afin de commémorer le trentième anniversaire de la Déclaration universelle des droits de l'homme, j'ai été invité à un colloque qui a eu lieu à l'Abbaye de Sénanque en France. Ce colloque a réuni des juifs, des chrétiens et des musulmans provenant de différents pays, sous la houlette du Père dominicain Claude Geffré[1]. C'était le premier colloque auquel je participais dans ma vie, et le sujet de mon intervention portait sur « La liberté religieuse dans un pays musulman, cas de l'Egypte ». Parmi les conférenciers il y avait le regretté Mohamed Arkoun[2]. Les actes de ce colloque ont été publiés à Paris sous le titre La Liberté religieuse dans le Judaïsme, le Christianisme et l'Islam[3].

J'ai profité de cette occasion pour exposer au Père Claude Geffré ma perplexité concernant la Bible, en lui citant le passage de Samuel susmentionné, en lui disant: « Est-ce que la Bible peut être un livre révélé alors qu'elle contient des enseignements contraires aux droits de l'homme? Père Geffré m'a demandé ce que je comprenais par « révélation ». Je lui ai répondu qu'il s'agit de la même notion que m'a apprise l'Eglise, à savoir « Les paroles de Dieu aux humains rapportées dans les Livres sacrés ». Père Geffré m'a répondu: « Je comprends votre perplexité, mais cette perplexité provient de votre définition de la révélation ». Je lui ai alors demandé sa propre définition de la révélation. Il m'a répondu: « La révélation n'est pas les paroles de Dieu aux humains comme rapportées dans les Livres sacrés, mais les paroles des humains sur Dieu inscrites par les humains dans des livres qu'ils ont appelé Livres sacrés ».

Le problème des musulmans aujourd'hui est qu'ils refusent de considérer le Coran comme paroles humaines, et de ce faite, ils ont mis Dieu dans des difficultés inouïes. Comment en fait peut-on attribuer à Dieu l'esclavage, les captives de guerre, la djizya imposée aux non-musulmans, l'exécution des prisonniers de guerre, l'inégalité entre hommes et femmes en matière de testament et de témoignage, l'inégalité entre musulmans et non-musulmans? Ces normes sont contraires aux droits de l'homme. Et si on les attribue à Dieu, on en fait un criminel de premier ordre, l'exposant au Tribunal pénal international qui le condamnerait à la prison à vie. Il n'y aurait alors aucune différence entre Dieu et d'autres grands criminels que l'humanité a connus comme Hitler, Staline, Néron et bien d'autres.

Le penseur soudanais Mahmoud Muhammad Taha s'est rendu compte de ce problème dans son fameux ouvrage « Le deuxième message de l'Islam » (traduit en français sous le titre Un islam à vocation libératrice[4]), ouvrage interdit dans tous les pays arabes et musulmans. Ce penseur a essayé de venir au secours de Dieu en proposant le partage du Coran en deux: le Coran mecquois (révélé à la Mecque entre 610 et 622) et le Coran médinois (révélé à Médine entre 622 et 632). Cette division est connue chez les grands savants religieux musulmans, mais il y a introduit une distinction radicale: il a estimé que le Coran mecquois abroge le Coran médinois. Taha ne pouvait dire aux musulmans (comme le fait le Père Geffré) que le Coran n'est pas paroles de Dieu. Il a simplement dit que le Coran

---

[1] http://fr.wikipedia.org/wiki/Claude_Geffr%C3%A9
[2] http://en.wikipedia.org/wiki/Mohammed_Arkoun
[3] http://goo.gl/U1PpZg
[4] http://goo.gl/AeG8pA

mecquois constitue le véritable esprit de l'islam, alors que le Coran médinois est un Coran politique qui a dû tenir compte de la barbarie du septième siècle qu'il ne pouvait supprimer d'un trait de plume. En partageant le Coran en deux et en abrogeant le Coran médinois, Taha met fin aux normes que ce dernier contient relatives aux sanctions islamiques cruelles, à l'inégalité entre hommes et femmes, à l'inégalité entre musulmans et non-musulmans, à l'esclavage, aux captives de guerre, et à d'autres normes barbares contraires aux droits de l'homme.

Le but de Taha était en fait de sortir Dieu du bourbier du Coran médinois et de trouver une solution honorable aux musulmans. Mais l'Azhar et autres institutions religieuses musulmanes ne l'entendent pas de la sorte, et ont fait des pieds et des mains pour dénoncer Taha aux autorités soudanaises qui ont fini par le pendre le 18 janvier 1985. Et ainsi les musulmans ont perdu le plus grand penseur musulman éclairé. Cette pensée est à la base de ma traduction française du Coran par ordre chronologique contrairement aux éditions existantes qui classent les chapitres plus ou moins selon leur longueur, mélangeant chapitres mecquois et chapitres médinois, versets tolérants et versets intolérants, passant du froid au chaud comme une douche écossaise.

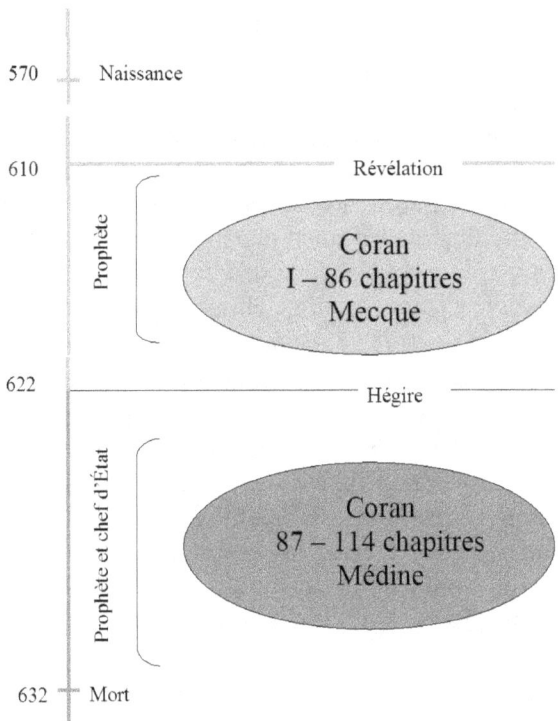

3. Distinction entre le Coran et les récits de Mahomet

Les violations des droits de l'homme découlent aussi de la deuxième source du droit musulman, à savoir la tradition de Mahomet, la sunnah, rapportée dans les recueils des récits de Mahomet. Comme le Coran, ces récits alternent tolérance et intolérance, dont notamment le fameux récit qui ordonne de tuer celui qui quitte l'islam, en plus d'autres inepties que des libéraux musulmans se font un malin plaisir à citer, comme les récits recommandant de se soigner par l'urine du chameau, de donner le sein à un adulte afin de créer un lien de parenté permettant la mixité entre hommes et femmes, ou de plonger entièrement une mouche dans la soupe si une seule de ses ailes s'y mouille sous prétexte qu'une aile comporte la maladie et l'autre la cure. Pour s'en débarrasser, le courant « coraniste » estime que le Coran est la parole de Dieu et il est le seul auquel on doit obéir. Quant aux récits, écrits plus de 200 ans après la mort de Mahomet, ils ont été concoctés et faussement attribués à ce dernier, et donc ils ne doivent pas être suivis.

Parmi les partisans de cette théorie citons le colonel Kadhafi et son compatriote le juge Mustafa Kamal Al-Mahdawi, qui a écrit un livre intitulé « L'explication par le Coran ». Ce juge a été poursuivi pour apostasie, et une campagne a été lancée contre lui par des clercs musulmans de son pays et de l'étranger. Le tribunal l'a acquitté du délit d'apostasie mais en même temps a interdit la distribution de son livre[1]. Parmi les partisans de ce courant figure aussi l'Égyptien Rashad Khalifa, connu pour sa théorie du miracle numérique du Coran, basé sur le nombre de 19 (partant du verset 30:74). Il a publié une brochure rejetant les récits de Mahomet et les considérant comme paroles humaines, voire une invention de Satan. Après l'annonce de cette position, plusieurs fatwas l'ont traité d'apostat et il a fini par être assassiné en 1990 par un musulman aux États-Unis[2]. Le chef de file des coranistes aujourd'hui est l'égyptien Ahmed Subhi Mansour. Arrêté à plusieurs reprises en Égypte, il s'est enfui aux États-Unis[3]. On mentionnera aussi Gamal Al-Banna (décédé en 2013), frère cadet de Hassan Al-Banna fondateur des frères musulmans dont les ouvrages ont été souvent censurés.

4. Interprétation du Coran

Il y a eu plusieurs tentatives pour interpréter le Coran visant à surmonter les problèmes causés par certains versets. Parmi ces tentatives on mentionnera

---

[1] Voir mon ouvrage: Introduction au droit musulman, 2012, p. 16 (http://goo.gl/c4z3w1)
[2] Ibid., p. 133-134.
[3] Voir l'article de Wikipedia en anglais sur lui: en.wikipedia.org/wiki/Ahmed_Subhy_Mansour

notamment un projet de loi intitulé Cent mesures et dispositions pour une codification maghrébine égalitaire du statut personnel et du droit de la famille[1] établi par le Collectif 95 Maghreb Égalité composé de trois organisations féminines marocaine, algérienne et tunisienne, présenté à la Conférence mondiale des femmes à Pékin en 1995. Ce projet élimine toutes les discriminations que le droit musulman consacre à l'égard des femmes et des non-musulmans. Ainsi, il abolit la polygamie et la répudiation, accorde l'égalité entre l'homme et la femme en matière successorale, omet l'apostasie comme empêchement au mariage, permet le mariage d'une musulmane avec un non-musulman et supprime l'interdiction d'hériter en cas de disparité religieuse. Les organisations qui ont rédigé ce projet se disent en faveur de la laïcité et de la séparation de l'État et de la religion. Mais pour éviter d'être critiquées, elles essayent de justifier les modifications proposées par le biais d'une interprétation libérale des normes musulmanes; elles ne touchent pas au caractère sacré du Coran.

5. Rattachement du Coran et de la Sunna à leur époque

Ce courant est basé sur l'idée que le prophète Mahomet est le sceau des prophètes, selon le verset 33:40, verset interprété dans le sens que Dieu ne voit pas la nécessité d'envoyer des messagers pour l'humanité après Mahomet, laissant l'humanité libre dans la détermination de son destin. Cela peut être comparé à l'enfant allaité au sein maternel et au biberon qui, une fois sevré et grand, doit se débrouiller tout seul pour manger. Suivent cette opinion le penseur égyptien Mohamed Ahmed Khalaf-Allah et le penseur tunisien Abdel-Majid Charfi[2].

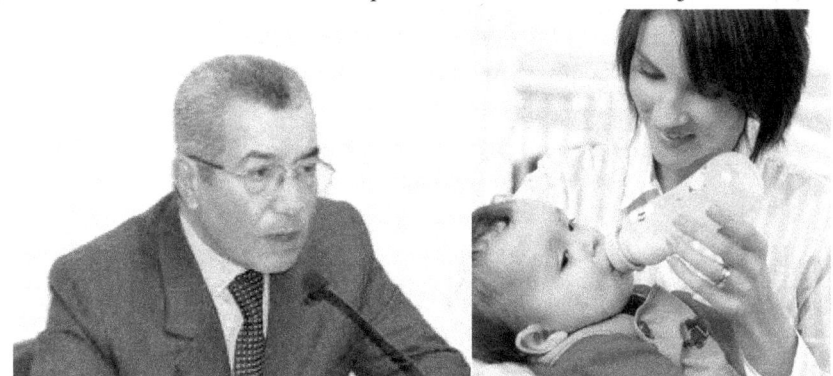

Cela rappelle les paroles de Saint Paul: « Quand j'étais enfant, je parlais comme un enfant, je jugeais comme un enfant, je raisonnais comme un enfant; mais lorsque je suis devenu homme, j'ai fait disparaître ce qui était de l'enfant » (I Cor 13: 11).

6. Abolition du concept de la révélation

Les tendances susmentionnées essaient de mettre l'accent sur le respect de la loi de Dieu, ou tentent de l'éluder ou de l'interpréter. D'autres estiment qu'il faut

---

[1] Voir ce projet dans http://goo.gl/fzKfUu
[2] Voir sur la pensée de ces deux auteurs notre ouvrage: Introduction au droit musulman, op. cit., p. 357-366

raccourcir le chemin en rejetant purement et simplement l'idée de la révélation et des prophètes afin de donner à l'homme le droit à l'autodétermination plutôt que d'être soumis à une volonté extérieure mystérieuse. Nous rappelons dans cet ordre d'idée le médecin et le philosophe Muhammad Ibn Zakariya Al-Razi (mort vers l'an 923) qui est l'une des plus grandes figures dans la vie intellectuelle islamique de tous les temps selon le professeur Abdel Rahman Badawi. Al-Razi a écrit un livre intitulé Les mensonges des prophètes dont il ne nous reste que des extraits rapportés par ses adversaires. Il a aussi écrit le fameux ouvrage La médecine spirituelle. Il ressort de ces écrits que Al-Razi met l'accent sur la raison, laquelle suffit pour distinguer le bien du mal sans besoin des prophètes pour diriger les humains. Il affirme:

Dieu nous pourvoit de ce que nous avons besoin de savoir, non pas sous forme de l'octroi arbitraire et semeur de discorde d'une révélation particulière, porteuse de sang et de disputes, mais sous la forme de la raison, laquelle appartient également à tous. Les prophètes sont au mieux des imposteurs, hantés par l'ombre démoniaque d'esprits agités et envieux. Or, l'homme ordinaire est parfaitement capable de penser par lui-même, et n'a besoin d'aucune guidance de qui que ce soit.

Comme on lui demande si un philosophe peut suivre une religion révélée, Al-Razi réplique:

Comment quelqu'un peut-il penser sur le mode philosophique s'il s'en remet à ces histoires de vieilles femmes fondées sur des contradictions, une ignorance endurcie et le dogmatisme?[1]

Parmi les penseurs contemporains, on mentionnera notamment le philosophe égyptien Zaki Najib Mahmoud qui, pour avoir une nouvelle société, demande de déraciner l'idée arabe selon laquelle le ciel a ordonné et la terre doit obéir; le créateur a planifié et la créature doit se satisfaire de son sort et de son destin, et le transmis a la priorité sur la raison lorsque cette dernière entre en conflit avec le transmis[2].

7. Position de Hussain Fawzi

C'est un grand intellectuel égyptien que j'ai rencontré le 8 septembre 1977. Je lui ai demandé comment traiter avec des mouvements islamistes exigeant l'application des livres sacrés transmis par Dieu aux prophètes. Il m'a répondu que Dieu a créé l'humanité en six jours et ensuite il est allé se reposer le septième jour, comme le dit la Bible. Comme il a jugé qu'il avait bien fait tout ce qu'il avait entrepris, il n'était plus nécessaire de revenir au travail le huitième jour et il a continué à se reposer. Par conséquent, tous les prophètes venus après le sixième jour ne peuvent avoir été envoyés par Dieu. Ces prophètes ne disposent d'aucun mandat divin, mais agissent au nom de Dieu pour mieux dominer les autres et faire taire leurs opposants. Cet auteur m'avoua cependant qu'il ne serait pas aisé de tenir de tels propos au peuple. Le gouvernement n'a d'autres moyens que de louvoyer. Quant

---

[1] Ibid., p. 66.
[2] Ibid., p. 366 et sv.

aux arguments du courant intégriste, il faut y répondre que les choses ont changé. À supposer que Dieu ait bel et bien révélé le Coran, il ne peut pas avoir révélé une chose immuable. Il faut réadapter sa révélation à la vie moderne[1].

8. Position d'Ahmed Al-Gubbanchi

Ce cheikh chiite irakien, nommé Ahmed Al-Gubbanchi, avance une nouvelle théorie pour le monde musulman. Il affirme que le Coran n'est pas la parole de Dieu, mais la parole de Mahomet. Selon lui, Mahomet pouvait bien être sincère en croyant recevoir un message par la voie de l'Ange Gabriel. Mais cela n'engage que lui puisqu'il ne nous donne aucune preuve qu'il s'agit de Gabriel et pas du diable. Et même s'il s'agit de Gabriel, comment peut-on être sûr que son message provient de Dieu? Il se peut qu'il soit un menteur, et le mensonge est permis, pour une bonne cause. Il démonte entièrement le Coran et estime que son attribution à Dieu est une insulte envers Dieu, puisque ce livre comporte des défauts moraux. Il nie que le Coran soit le sommet de l'éloquence et le compare à d'autres livres en langue arabe bien plus éloquent que le Coran. Les droits de l'homme établis par les Nations Unies sont de loin supérieurs aux droits prêchés par les prophètes.

C'est l'opinion la plus courageuse émise jusqu'à ce jour-ci par quelqu'un provenant de l'intérieur de l'institution religieuse musulmane. Si ce penseur n'est pas tué par ses coreligionnaires (comme c'est généralement le cas dans l'islam), j'estime que sa pensée va révolutionner le monde musulman entier. Souhaitons-lui longue vie! De nombreux sites arabes le traitent déjà d'ennemi de l'islam. Sa propre famille s'est désolidarisée de lui et son grand frère Sadr al-Din Al-Gabbanchi, qui occupe une position clé dans la hiérarchie shiite irakienne, le traite de renégat.

Signalons ici qu'Ahmed Al-Gabbanchi fait largement usage de vidéos, donne des conférences publiques diffusées sur YouTube, écrit presque quotidiennement sur un forum arabe fameux[2] et dispose de sa propre page Facebook[3].

On peut expliquer partiellement la position de ce penseur par la thèse des chiites selon laquelle le Coran a été falsifié par le calife Uthman, qui a éliminé les versets pouvant légitimer l'attribution du pouvoir à Ali. Une soixantaine de versets coraniques sont lus différemment par les chiites[4]. Selon eux, le vrai Coran sera ramené par le Mahdi dont ils attendent le retour. Pour cette raison, il existe un courant de pensée religieuse chez les chiites qui accorde peu d'importance au Coran et préfère se fier aux récits des imams chiites, invoquant le fait que les versets du Coran sont en grande partie incompréhensibles. Des informations indiquent que les étudiants en "sciences islamiques" peuvent obtenir leur diplôme sans jamais avoir étudié le Coran[5].

---

1 Ibid., p. 370.
2 www.ahewar.org/m.asp?i=5933
3 https://www.facebook.com/AhmadAlQbbanji
4 Voir ces versets dans www.blog.sami-aldeeb.com/?p=40286
5 www.blog.sami-aldeeb.com/?p=39983

9. Que pensent les intégristes des libéraux musulmans

Comme on peut l'imaginer, les idées susmentionnées ne sont pas acceptées par les islamistes. Ces derniers n'hésitent pas à qualifier les adeptes de la laïcité d'athées, de mécréants, de traîtres. Nous citons ici Al-Qaradawi:

> Le laïc qui refuse le principe de l'application du droit musulman n'a de l'islam que le nom. Il est un apostat sans aucun doute. Il doit être invité à se repentir, en lui exposant, preuves à l'appui, les points dont il doute. S'il ne se repent pas, il est jugé comme apostat, privé de son appartenance à l'islam - ou pour ainsi dire de sa «nationalité musulmane», il est séparé de sa femme et de ses enfants, et on lui applique les normes relatives aux apostats récalcitrants, dans cette vie et après sa mort[1].

Pour comprendre cette dernière phrase, il faut savoir que l'apostat selon le droit musulman doit être enterré dans un trou comme on enterrerait un chien[2].

L'Académie islamique du fiqh qui dépend de l'Organisation de la coopération islamique a rendu la fatwa suivante concernant la laïcité dans sa réunion tenue à Manama du 14 au 19 novembre 1998:

> 1) La laïcité (qui signifie la séparation entre la religion et la vie) est née en réaction aux abus commis par l'Église.
>
> 2) La laïcité a été diffusée dans les pays musulmans par les forces coloniales et leurs collaborateurs et sous l'influence de l'orientalisme. Elle a divisé la nation musulmane, semé le doute dans sa croyance juste, défiguré l'histoire brillante de notre nation, créé l'illusion dans la génération qu'il existe une contradiction entre la raison et les textes de la shari'ah, œuvré pour le remplacement de notre noble shari'ah par des lois positives, propagé le libertinage, la dissolution des mœurs et la destruction des nobles valeurs.

---

[1] Youssef Al-Qaradawi: Al-islam wal-'ilmaniyyah wajhan li-wajh, Mu'assasat al-risalah, Beyrouth, 3e éd., 1992, p. 73-74 http://waqfeya.com/book.php?bid=243 .

[2] Voir notre ouvrage Cimetière musulman en Occident, 2012, p. 48 (http://goo.gl/ehv8LE)

3) La laïcité a donné naissance à la majorité des idées destructrices qui ont envahi nos pays sous différents noms comme le racisme, le communisme, le sionisme, la franc-maçonnerie, etc. Ceci a conduit à la perte des richesses de la nation et à la détérioration de la situation économique, et a contribué à l'occupation de certains de nos pays comme la Palestine et Jérusalem, ce qui prouve son échec à réaliser le moindre bien pour notre nation.

4) La laïcité est un système de droit positif basé sur l'athéisme, ce qui l'oppose à l'islam dans sa totalité et dans ses détails. Elle se rencontre avec le sionisme mondial et les doctrines libertines et destructrices. Elle est, par conséquent, une doctrine athée rejetée par Dieu, son Messager et les croyants.

5) L'islam est une religion, un État et une voie de vie complète. C'est le meilleur en tout temps et en tout lieu. Il ne peut accepter la séparation entre la religion et la vie, mais exige que toutes les normes soient dérivées de la religion et que la vie pratique soit colorée par l'islam dans les domaines de la politique, de l'économie, de la société, de l'éducation, de l'information, etc.

L'Académie demande aux autorités politiques musulmanes «de protéger les musulmans et leurs pays contre la laïcité et de prendre les mesures nécessaires pour les en prévenir»[1].

Refuser la laïcité signifie en fait donner l'exclusivité à l'application du droit musulman découlant du Coran et de la Sunnah et développé par les juristes musulmans classiques dont les normes ne diffèrent en rien de ce que fait Daesh. Signalons ici qu'on fait souvent l'éloge d'Averroès comme philosophe éclairé, mais en réalité ce philosophe est doublé d'un juriste dont les idées ne diffèrent en rien de celles prônées par Daesh[2].

10. Système schizophrénique

Dans les écoles, les universités, les mosquées et les médias, un refrain est répété inlassablement: l'islam est la religion de Dieu, le droit musulman est le système le plus parfait qui puisse exister. Aucune critique n'est possible, et par conséquent aucun moyen de séparer le blé de l'ivraie n'est mis à disposition de la population. Tout est livré dans un emballage de fête doré. On ne fait aucune distinction entre les versets violents et ceux qui ne le sont pas. On vous affirmera "Nulle contrainte dans la religion" (2:256), mais en même temps "Quiconque recherche une religion autre que l'Islam, elle ne sera pas acceptée de lui" (3:85), "Combattez ceux qui ne croient ni en Dieu ni au jour dernier, qui n'interdisent pas ce que Dieu et son envoyé ont interdit et qui ne professent pas la religion de la vérité, parmi ceux auxquels le livre fut donné, jusqu'à ce qu'ils donnent le tribut par leur mains en état de mépris" (9:29) et "Celui qui change de religion tuez-le" (récit de Mahomet).

---

[1] Voir notre ouvrage Introduction au droit musulman, op. cit., p. 372-373. Original arabe sur le site officiel de cette académie: www.fiqhacademy.org.sa/qrarat/11-2.htm

[2] Voir son ouvrage Bidayat al-mujtahid, traduit en anglais: http://goo.gl/9uyBP2

Ainsi on crée chez le musulman une schizophrénie inquiétante. Vous parlez avec un musulman en pensant qu'il s'agit d'un libéral, mais soudainement, vous découvrez en lui un fanatique sans bornes. Les yézidites et les chrétiens de Mossoul ont rapporté que ce sont leurs propres voisins, leurs collègues de travail et d'études qui sont venus les expulser, les menacer de mort, les spolier de leurs biens et prendre leurs filles et leurs femmes comme esclaves pour les vendre au marché comme du bétail. On a ainsi le vrai visage de Judas parmi les disciples du Christ livrant son maître à ses bourreaux, et le vrai visage de Brutus poignardant son père adoptif Jules César.

Après les derniers événements en Irak qui ont provoqué l'expulsion des chrétiens et des yézidites, j'ai été pris par une peur rétroactive. Cela m'a rappelé la guerre des six jours de 1967. Durant cette guerre, on a entendu les musulmans palestiniens dire: "Aujourd'hui le samedi, demain le dimanche". Ce qui signifiait: aujourd'hui on massacrera les juifs, et demain les chrétiens. Malheureusement pour les musulmans et heureusement pour les autres, Israël a gagné cette guerre. Je ne dis pas que les Israéliens sont des anges. Mais il est certain que si les musulmans avaient gagné la guerre, il ne serait resté aucun chrétien et aucun juif en Palestine.

Ce qui s'est passé en Irak a été l'œuvre des sunnites, mais est-ce que les chiites seraient mieux? Ahmad Al-Hassani Al-Baghdadi, une autorité religieuse chiite, dit dans une rencontre au mois de Ramadan en 2011 dans une télévision irakienne que s'il occupait les américains, il donnerait trois choix aux chrétiens: soit se convertir à l'islam, soit payer la djizya, soit l'épée. On pourra alors prendre leurs femmes comme captives de guerre et en jouir[1]. Ce cheikh a émis une fatwa donnant ces trois choix aux chrétiens irakiens. On comprend alors pourquoi les chiites n'ont pas levé le petit doigt face aux crimes des sunnites[2].

---

[1] www.youtube.com/watch?v=GPQ4lYTtQEw
[2] http://www.blog.sami-aldeeb.com/?p=54174

Chapitre 4.
Impact de la conception islamique en Occident

1. Division Dar al-islam / Dar al-harb

Le droit musulman classique divise le monde en deux: Dar al-islam (Terre de l'islam) et Dar al-harb (Terre de la guerre; ou Dar al-kufr: Terre de la mécréance). En cas de faiblesse des musulmans, Dar al-harb peut bénéficier d'un traité de paix temporaire (qui ne peut dépasser les dix ans) et devenir ainsi Dar 'ahd (Terre de traité). Le but final de l'islam est de s'étendre sur l'ensemble de la planète. Si nous regardons les écrits des anciens juristes musulmans, nous voyons qu'ils étaient opposés au séjour des musulmans dans la Terre de la guerre et leur demandaient de les quitter pour s'établir dans la Terre de l'islam afin qu'ils puissent appliquer la loi islamique. Mais, avec l'évolution de la situation économique et sociale des musulmans ont émigré vers les pays occidentaux en quête d'une vie meilleure ou pour étudier[1].

Division religieuse du monde en droit musulman

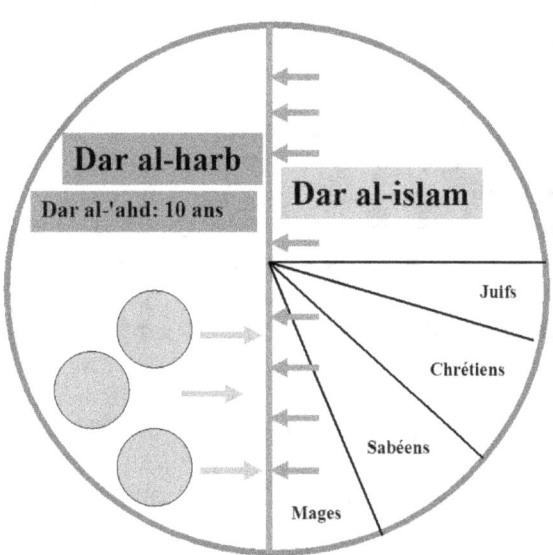

Ces immigrants musulmans ont apporté leurs coutumes comme leurs vêtements. Même s'ils tentent de s'adapter à leur nouvel environnement non musulman,

---

[1] Voir notre ouvrage: Les musulmans en Occident entre droits et devoirs, 2012, p. 19-48 (http://goo.gl/i0UpWH)

certains essaient de vivre à leur façon en conformité avec leur croyance religieuse. Ceci donne lieu à des conflits entre les immigrés musulmans et le système juridique et social des pays occidentaux hôtes dont ils refusent d'appliquer les lois. Or, la règle veut que même la Reine d'Angleterre, si elle vient en France, elle doit conduire à droite, sans cela elle se met en danger et met en danger les autres. Et si elle refuse d'obtempérer, elle est renvoyée chez elle, pour son bien et pour le bien de la société.

Nous donnons ici quelques exemples des conflits créés par la présence des musulmans en Occident:

2. Liberté religieuse

Les musulmans en Occident tentent de prêcher leurs croyances religieuses par la persuasion, et ils ont le droit de le faire. Ils ont réussi à attirer nombre d'occidentaux à leur religion. Toutefois, on leur reproche certaines méthodes qui consistent à pêcher dans des eaux troubles. C'est le cas lorsqu'ils exercent des pressions contre celui qui veut épouser une musulmane, en exigeant de lui qu'il se convertisse à l'islam (voir le point suivant). Des femmes chrétiennes se sentent aussi obligées de devenir musulmanes pour ne pas perdre la tutelle sur leurs enfants et pour ne pas être privées de l'héritage de leurs maris musulmans. Contrairement à la liberté dont jouissent les musulmans dans la diffusion de leur religion en Occident, ils refusent de reconnaître la même liberté à d'autres. Le musulman qui ose changer sa religion même en Occident, vit dans la peur constante des musulmans[1]. Je connais personnellement des musulmans irakiens, marocains et

---

[1] Le chancelier de la justice suédois a déterminé que la diffusion par la radio publique Sveridges d'une émission dans laquelle un imam a appelé au meurtre de tous les Somaliens ayant quitté l'islam ne constituait pas un discours de haine (www.blog.sami-aldeeb.com/?p=19825). Deux Iraniens qui se sont convertis de l'islam au christianisme ont été poignardés par des hommes masqués à Haugesund en Norvège (www.blog.sami-aldeeb.com/?p=19823). Dans ce pays un homme a été torturé au centre de demandeurs d'asile pour avoir apostasié et mangé pendant le ramadan (www.blog.sami-aldeeb.com/?p=15562).

syriens devenus chrétiens qui masquent leur identité en raison de cette crainte. L'État français semble même céder devant cette norme islamique[1].

3. Mariage

Les pays occidentaux n'acceptent pas l'empêchement de se marier pour raison de disparité religieuse. Ainsi, des hommes musulmans se sont mariés avec beaucoup de femmes chrétiennes en Occident. Cependant, ces musulmans refusent que leurs sœurs ou leurs filles se marient avec des non musulmans à moins qu'ils ne se convertissent à l'Islam[2]. Un tel mariage sans conversion aboutit à des problèmes menant certains musulmans en prison après des attaques contre les musulmanes, leur enlèvement et des agressions contre leurs maris chrétiens[3].

4. Héritage

Le droit occidental ne distingue pas entre les hommes et les femmes dans l'héritage comme le fait le droit musulman. Dans certains cas des femmes musulmanes demandent à la justice de ne pas appliquer le droit islamique et de les traiter de façon égale avec les hommes en héritage. Rappelons ici que les non-musulmans vivant en Occident ne peuvent pas hériter de leurs parentés musulmanes dans les pays islamiques, alors que des musulmans dans ces pays héritent de leurs parentés non-musulmanes dans les pays occidentaux.

5. Voile

Le voile a suscité et continue à susciter des réactions dans les pays occidentaux, dont la France et la Suisse. Dans ce dernier pays la Constitution prévoit une attitude neutre face à la religion dans les écoles publiques[4]. La religion n'est pas enseignée dans ces écoles, mais elle est remplacée par une culture religieuse parfois enseignée par un professeur athée. Le Tribunal fédéral a donné raison le 26 septembre 1990 à un instituteur et des parents d'élèves dans le canton majoritairement catholique du Tessin qui ont demandé que le crucifix dans les salles de cours soit enlevé parce que contraire au principe de neutralité. Dans la même logique une institutrice suisse convertie à l'islam et mariée à un Algérien n'a pas été autorisée à porter le voile en classe, le voile étant considéré comme un symbole religieux. Le Tribunal fédéral est intervenu pour confirmer ce principe[5], et

---

[1] Voir à cet égard www.blog.sami-aldeeb.com/?p=6206

[2] Certains Français font face à une situation ubuesque: devoir se convertir à l'islam pour épouser un conjoint maghrébin sur demande de l'administration française. Afin que le mariage soit reconnu en France comme dans l'autre pays, il faut en effet fournir à l'administration un certificat de coutumes. Problème: ces certificats ne peuvent être obtenus dans les pays du Maghreb qu'à la condition que le conjoint français se convertisse à l'islam (www.blog.sami-aldeeb.com/?p=19132. voir aussi www.blog.sami-aldeeb.com/?p=19366)

[3] Nombreux sont les cas de filles musulmanes tuées ou agressées en Occident parce qu'elles aimaient des non-musulmans (voir www.blog.sami-aldeeb.com/?p=17832; www.blog.sami-aldeeb.com/?p=14775

[4] L'al. 2 de l'article 62 dit: «Les cantons pourvoient à un enseignement de base suffisant ouvert à tous les enfants».

[5] Arrêt du Tribunal fédéral 123 Ia 296.

la Cour européenne des droits de l'homme lui a donné raison[1]. En France, on assiste à un phénomène étrange. Alors que le niqab est interdit par la loi, Rachid Nekkaz, musulman portant les nationalités française et marocaine, candidat à l'élection présidentielle française en 2012, paie les amendes des femmes qui violent cette loi sans qu'il soit inquiété[2]! Imaginez un anglo-français qui payerait les amendes des chauffeurs qui s'évertuent à violer les lois de la circulation? Et aujourd'hui le voile intégral fait partie des panoplies des voleurs qui dévalisent les magasins et des terroristes qui menacent la paix sociale.

6. Cimetières

Les pays occidentaux n'acceptent pas tous les cimetières religieux, qui sont une sorte de discrimination religieuse et de différenciation entre les gens sur la base de la religion. Des musulmans, même ceux mariés avec des chrétiennes, ayant vécu avec elles dans le même lit pendant de nombreuses années, et avec lesquelles ils ont fait des enfants, refusent de se faire enterrer dans le cimetière commun près de leurs épouses. Ils partent de l'idée que Dieu torture les mécréants dans leurs tombes et par conséquent ils ne doivent pas être à proximité d'eux. C'est pourquoi des musulmans en Suisse exigent des cimetières séparés. Toutefois, leurs demandes sont souvent rejetées. La France cède de plus en plus face à une telle demande discriminatoire[3]. Nous estimons que ces demandes violent la loi interdisant la discrimination et, par conséquent, l'État doit les rejeter[4].

---

[1] Décision du 15.2.2001 sur la recevabilité de la requête n° 42393/98 présentée par Lucia Dahlab contre la Suisse http://goo.gl/ehv8LE
[2] http://goo.gl/u7upyw
[3] Voir www.blog.sami-aldeeb.com/?p=20287; www.blog.sami-aldeeb.com/?p=20152
[4] Sur la situation en Suisse, voir notre ouvrage: Cimetière musulman en Occident, op. cit.

7. Circoncision masculine et féminine

Il y a un nombre croissant d'immigrants musulmans provenant de pays qui pratiquent la circoncision féminine. L'Organisation des Nations Unies, Amnesty International et d'autres organisations et États occidentaux ont condamné cette pratique qui viole le droit à l'intégrité physique. Cela a conduit à des décisions judiciaires qui suscitent des réactions en Occident. Notons ici que le silence de ces organisations et des gouvernements occidentaux face à la circoncision masculine n'est pas dû au fait qu'elle soit bonne pour la santé, mais parce que ces organisations et ces gouvernements ont peur de la colère des Juifs qui la considèrent comme une partie importante de leurs croyances. Cette distinction entre hommes et femmes par peur des juifs est contraire à la morale et aux principes des droits de l'homme. Signalons que le droit à l'intégrité physique n'est mentionné ni dans la Déclaration universelle des droits de l'homme, ni dans le Pacte civil de 1966 ni dans la Convention des droits de l'enfant, ni dans la Convention européenne des droits de l'homme. Nous n'excluons pas que le silence de ces documents sur un droit fondamental de cette importance soit aussi en raison de la crainte des Juifs[1].

Si la circoncision masculine ne semble pas déranger les pays occidentaux outre mesure[2], il en est autrement de la circoncision féminine. Or, celle-ci est majoritairement pratiquée sur des femmes musulmanes, et la présence croissante de la communauté musulmane en Occident pose problème sur ce plan. Ainsi, on constate qu'en Belgique le nombre de femmes excisées augmente constamment; une étude a ainsi démontré que 1.975 petites filles courent le risque d'être excisées dans ce pays[3]. À Londres, 3.500 filles risquent l'excision chaque année[4].

8. Risque de sécession

Un bon musulman est celui qui obéit à un chef musulman, est soumis à la loi musulmane et est jugé par un juge musulman. On constate que ces deux dernières exigences sont en voie de réalisation, les musulmans cherchant à échapper à l'application des lois des pays occidentaux où ils vivent et à se soumettre à des tribunaux religieux[5]. Mais on ne doit pas minimiser la première exigence. Ce qui s'est passé au Kosovo risque fort de se répéter dans d'autres pays comme la France, notamment à Roubaix et à Marseille. Ce qui signifie la détérioration des droits de l'homme dans ces régions. Dans une interview, un représentant de la

---

1 Voir notre ouvrage: Circoncision masculine – circoncision féminine, op. cit.
2 À part le fait qu'elle soit remboursée par la sécurité sociale(voir www.blog.sami-aldeeb.com/?p=20719. On signalera cependant que certains pays tentent d'interdire la circoncision masculine: en Finlande (www.blog.sami-aldeeb.com/?p=20719); en Suède (www.blog.sami-aldeeb.com/?p=20372); en Hollande (www.blog.sami-aldeeb.com/?p=16636). En France, le Premier ministre Fillon dénonce une chirurgie archaïque (www.blog.sami-aldeeb.com/?p=20587).
3 www.blog.sami-aldeeb.com/?p=20090
4 www.blog.sami-aldeeb.com/?p=18360
5 Voir la critique de ce qui se passe en Grande-Bretagne: www.blog.sami-aldeeb.com/?p=12389

communauté musulmane de Roubaix ne voit aucun inconvénient à ce que les sanctions islamiques (dont la lapidation) y soient appliquées si les musulmans deviennent majoritaires[1]. L'expression territoires perdus est de plus de plus utilisée pour désigner des régions qui échappent au contrôle direct des forces de l'ordre public[2].

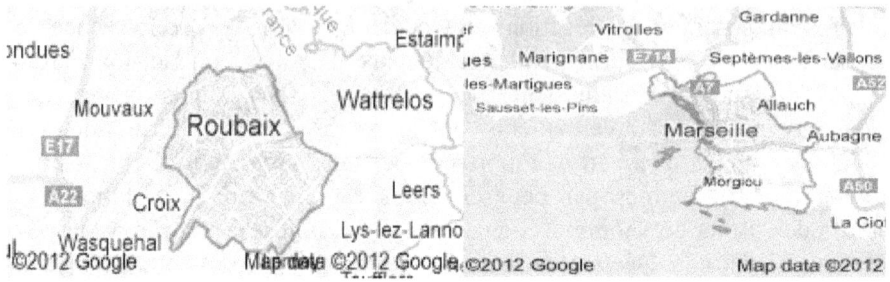

En Grande-Bretagne, des islamistes réclament d'ores et déjà l'établissement d'États indépendants avec application de la loi islamique à Dewsbury, Bradford et Tower Hamlets[3].

En outre, les islamistes intensifient la création de zones sharia interdites aux non-musulmans dans les villes d'Europe. La plupart de ces zones fonctionnent comme des micro-états gouvernés par la sharia. Les autorités des pays d'accueil ont, en effet, perdu le contrôle de ces quartiers et dans plusieurs cas, les services publics n'y ont plus accès, tels que la police, les pompiers et les ambulances[4].

---

1 www.blog.sami-aldeeb.com/?p=4593
2 www.blog.sami-aldeeb.com/?p=20871
3 www.dailymail.co.uk/news/article-2011433
4 www.blog.sami-aldeeb.com/?p=20295

En Belgique, le groupuscule Sharia4belgium informe dans une vidéo son intention de créer une république islamique belge et conseille aux Belges qui ne veulent pas de l'application de la sharia islamique de trouver un autre pays. Il ajoute que son but est de partir de la Belgique pour conquérir le reste du monde[1].

---

1   http://goo.gl/2DFUw0; voir aussi www.blog.sami-aldeeb.com/?p=18968

Chapitre 5.
Propositions des occidentaux

Les libéraux musulmans ont essayé de concilier leur conception des droits de l'homme avec la conception onusienne de ces droits. De même, les occidentaux essaient de trouver des solutions avec les musulmans pour éviter des problèmes qui affectent la paix intérieure, leurs intérêts et les intérêts des immigrés musulmans. Nous signalons ici certaines de ces propositions:

1. Dialogue religieux islamo-chrétien

Depuis plusieurs décennies les chrétiens ont organisé des réunions avec les juifs et les musulmans pour trouver un terrain d'entente avec eux. Mais ces dialogues religieux n'ont abouti à aucun résultat dans le respect des droits de l'homme. À ce jour, ils n'ont pas résolu le problème des mariages mixtes qui sont exacerbés jour après jour. La raison de l'absence de résultat est le manque de franchise et la domination de la peur sur ces dialogues. Tous hésitent à ouvrir des débats qui y mettraient fin. Ayant participé à un certain nombre de ces dialogues, je peux affirmer, sans exagérer, que le seul intérêt de ces dialogues est de voyager et de manger aux frais de la princesse.

2. Solutions législatives

Face aux demandes musulmanes d'appliquer leur loi même dans les domaines qui sont contraires aux droits de l'homme, des Occidentaux estiment que cette loi entre en collision avec l'ordre public et la constitution. Les musulmans n'ont pas le droit d'imposer leur loi aux Occidentaux, parce que cela signifierait le renversement de la démocratie en Occident. De ce fait, certains appellent à une position plus ferme avec les musulmans, demandant par exemple le refus de leur naturalisation ou de l'octroi de l'asile politique sauf s'ils acceptent de respecter la constitution, les lois internes et les droits de l'homme. Certains vont jusqu'à proposer leur expulsion vers leurs pays d'origine parce que les musulmans ne peuvent pas accepter les lois occidentales contraires à la loi islamique. Et il est bien connu qu'un courant musulman vise à imposer la loi islamique non seulement aux musulmans en Occident, mais aussi aux non-musulmans et à transformer les pays occidentaux en pays musulmans.

3. Solutions préventives en matière de mariages mixtes

Les mariages mixtes constituent un des domaines de collision entre le droit occidental et la loi musulmane. Puisqu'on ne peut pas empêcher un musulman d'épouser une chrétienne, on voudrait exiger du mari musulman un engagement par écrit à respecter la loi occidentale et à respecter ce qu'il a convenu avec son épouse dans tous les domaines, y compris le respect de la liberté de religion de la femme et des enfants, des droits réciproques entre conjoints ainsi que le lieu de sépulture, afin d'éviter les conflits entre les croyances religieuses de l'époux musulman et les droits de l'homme.

4. Principe de la réciprocité

Certains voudraient exiger des musulmans le respect du principe de la réciprocité dans tous les domaines de la vie, y compris la liberté religieuse, le mariage et la construction des mosquées en Occident. En application de ce principe, la Norvège a refusé la construction d'une mosquée financée par l'Arabie saoudite, parce que ce dernier État refuse la liberté religieuse et la liberté de culte aux non-musulmans[1]. D'autres proposent des mesures symboliques plus strictes, comme la fermeture des mosquées en Occident jusqu'à ce que les États arabo-musulmans s'engagent à respecter les droits des non-musulmans dans leurs pays. D'autres veulent lier l'aide occidentale aux pays arabo-musulmans à de tels engagements. D'autres proposent de ne pas procéder à des mariages entre musulmans et non musulmanes sauf si les musulmans s'engagent à respecter le principe de non-discrimination religieuse dans ce domaine. Ces propositions montrent le mécontentement face aux violations des droits de l'homme par les pays arabo-musulmans, violations qui indiquent que les musulmans ou certains parmi eux veulent leurs droits mais ne reconnaissent pas les droits d'autrui. Les États occidentaux craignent le renforcement des partis d'extrême-droite, si la situation actuelle perdure, avec le danger que cela mène à la guerre civile dont les musulmans seront les premiers à pâtir.

---

1   www.blog.sami-aldeeb.com/?p=4653

5. Formation des imams

Le principal problème en Occident aujourd'hui est de savoir dans quelle mesure on peut empêcher le courant islamique intégriste d'imposer sa volonté aux musulmans vivant en Occident pour entraver leur intégration dans la société. Ceci nécessite la formation d'imams qualifiés respectant la loi occidentale, et en même temps aider les musulmans à accepter la conception laïque compatible avec la conception occidentale de la loi. Pour y parvenir, il faut d'abord une meilleure compréhension de la pensée islamique afin de pouvoir traiter avec les musulmans de façon rationnelle et non émotive. Mais l'Occident n'est pas préparé pour une telle situation, parce que ses universités n'enseignent pas le droit musulman de manière critique et ne lui accorde pas grand intérêt.

6. Révision du concept de la révélation

Pour les juifs, les musulmans et les chrétiens, Dieu est allé en ménopause. Il a produit des prophètes pour une période déterminée, et puis plus rien.

À l'instar des philosophes musulmans comme Al-Razi, Zaki Najib Mahmoud et Hussain Fawzi, certains exigent la réouverture du débat philosophique concernant la relation entre la religion et la loi en général. Cette tendance estime que la croyance en un Dieu en haut qui commande, et d'un humain sur terre qui doit obéir freine le progrès des droits de l'homme. Plutôt que de s'appuyer sur la révélation pour gérer les affaires des humains, il faudrait s'appuyer sur la raison qui est un don divin à tous sans distinction entre homme et femme, ou entre un croyant et un mécréant.

Par conséquent, il faut supprimer l'idée de la révélation, ou la redéfinir non pas en tant que parole de Dieu à l'homme, mais une parole de l'homme sur Dieu, aussi longtemps qu'il n'y aura aucun moyen de communiquer avec Dieu pour savoir comment on devrait résoudre les problèmes des humains. Revoir la notion de la révélation signifie l'abolition de la sainteté des livres sacrés, devenant ainsi de simples ouvrages historiques rattachés à un temps et un lieu donnés. Cela signifie la restauration du droit de l'homme à déterminer son propre destin sans un médiateur externe.

7. Mise en garde contre les livres sacrés

Pratiquement tous les pays du monde ont pris des mesures pour limiter les dangers du tabagisme sur la santé physique. Ainsi on exige que les paquets de cigarettes portent la mention «Fumer est nuisible à la santé», on interdit la vente des cigarettes aux mineurs, et on interdit la fumée dans les lieux publics: administration étatique, aéroports, gares, restaurants, etc. A des degrés différents, tous les pays du monde mettent des restrictions à la distribution de certains ouvrages ou tableaux d'art pour des raisons multiples et variées. A titre d'exemple, le tribunal de Munich a interdit mercredi 25 janvier 2012 la publication d'extraits du livre d'Adolf Hitler. La décision répond au projet d'un éditeur britannique de diffuser en Allemagne, à partir du jeudi 26 janvier, des extraits du manifeste nazi. Cette décision juridique règle la question de la publication outre-Rhin. Mais pour un temps seulement, car dès 2016, l'ouvrage tombera dans le domaine public[1]. Et dans tous les cas, cet ouvrage peut être téléchargé sur internet. En France, il est interdit de publier Mein Kampf sans y inclure une décision judiciaire rappelant les méfaits de ce livre et de l'idéologie qu'il prône[2].

On ne peut nier l'influence positive et négative des livres sacrés sur les comportements de leurs adeptes à travers l'histoire. Pour simplifier le débat, on peut assimiler les livres sacrés à un couteau de cuisine qui peut servir à préparer les repas, à se suicider ou se blesser et à blesser autrui. Certes, on ne peut pas interdire l'usage des couteaux, mais toute mère de famille qui se respecte veille à ce que cet instrument ne tombe pas dans les mains de son enfant.

Que faire alors avec les livres sacrés? Faut-il les laisser à la disposition de tous, les interdire, ou simplement avertir les gens contre leurs dangers? Jusqu'à ce jour-ci les livres sacrés restent en libre accès. Mais on remarquera que certains ont déjà pensé à les interdire, ou au moins à mettre un avertissement à l'intention des lecteurs. On signalera à cet égard la Calcutta Quran Petition qui cherchait à faire interdire la

---

1 http://goo.gl/yLOi1o
2 http://goo.gl/nnb7t3

distribution du Coran en Inde[1]. Un certain Salvatore Pertutti, électricien de son état à Thionville, a porté plainte contre la Bible et le Coran, jugés sexistes et homophobes[2]. Une vidéo circule sur internet concernant cette affaire[3]. D'autres préconisent de brûler le Coran, ou quelques feuilles du Coran[4]. Le Kazakhstan interdit des chapitres du Coran[5]. Des étudiants iraniens ont diffusé une vidéo dans laquelle ils brûlent le Coran[6]. Mais on remarque de l'autre côté qu'une église dans l'Utah a distribué des Corans, un geste œcuménique symbolique pour riposter contre le pasteur Terry Jones qui avait brulé un Coran[7].

Je suis contre toute interdiction de livres, mais je suis favorable à l'idée d'éduquer les gens et de les éclairer pour qu'ils ne soient pas victimes de leur ignorance. Si on mettait un avertissement sur la Bible ou le Coran, en signalant les versets qui posent des problèmes du point de vue de la loi et de la morale, cela susciterait la discussion et ouvrirait les yeux des gens. Cela concernerait non seulement les ouvrages publiés ou imprimés dans les pays concernés, mais aussi les ouvrages importés ou exportés, y compris la Bible en hébreu et le Coran en arabe en usage dans les lieux de culte ou dans l'enseignement. Pour mieux ancrer un tel avertissement dans la loi, il faudrait soumettre ces deux livres à des instances comme le Conseil d'État, la Commission onusienne des droits de l'homme ou la Cour européenne des droits de l'homme pour qu'elles émettent leur avis sur ces deux livres. Signalons que la Cour européenne des droits de l'homme a déjà décidé que la loi islamique était incompatible avec la démocratie et les droits de l'homme[8]. Il s'agit en fait d'une condamnation du Coran qui constitue la principale source du droit musulman.

Je vous donne ici l'avertissement qui devrait figurer sur les exemplaires distribués en Occident. Cet avertissement figure sur mon édition arabe du Coran gratuite en ligne[9]:

> Directement ou indirectement par le biais de la sunnah de Mahomet que les musulmans doivent suivre, le Coran comporte des normes contraires aux droits de l'homme reconnus aujourd'hui dans les documents internationaux. J'invite donc les lecteurs à le lire avec un esprit critique et à le placer dans son contexte historique, à savoir le septième siècle. Parmi les normes qui violent les droits de l'homme, que les lois des pays arabes et musulmans prévoient, et que les mouvements islamistes voudraient appliquer, en tout ou en partie, je signale, à titre d'exemples non exhaustifs, les normes suivantes:

---

[1] http://goo.gl/QG6yK2
[2] http://goo.gl/IIzgGX
[3] www.youtube.com/watch?v=bd1E141X6xw
[4] http://goo.gl/iNvfy3
[5] http://goo.gl/whgtzQ
[6] www.blog.sami-aldeeb.com/?p=17623
[7] www.blog.sami-aldeeb.com/?p=10488
[8] Voir extraits et références dans: www.blog.sami-aldeeb.com/?p=4939
[9] http://www.sami-aldeeb.com/articles/view.php?id=315

- L'inégalité entre les hommes et les femmes dans le mariage, le divorce, l'héritage, le témoignage, les sanctions et l'emploi.
- L'inégalité entre musulmans et non-musulmans dans le mariage, le divorce, l'héritage, le témoignage, les sanctions et l'emploi.
- La non-reconnaissance de la liberté religieuse, en particulier la liberté de changer de religion.
- L'exhortation à combattre les non-musulmans, à occuper leurs pays, à imposer aux non-musulmans le paiement d'un tribut (jizya) et à tuer ceux qui ne suivent pas les religions monothéistes.
- L'esclavage, la capture des ennemis et l'appropriation de leurs femmes.
- Les sanctions cruelles comme la mise à mort de l'apostat (qui abandonne l'islam), la lapidation de l'adultère, l'amputation des mains du voleur, la crucifixion, la flagellation et la loi du talion (œil pour œil, dent pour dent).
- La destruction des statues, des peintures et des instruments de musique et l'interdiction des arts.

Dans tous les cas, il faut interdire l'usage du Coran dans sa forme actuelle, et exiger que ses chapitres soient mis en ordre chronologique afin que le lecteur puisse distinguer le Coran mecquois acceptable, et le Coran médinois à rejeter.

8. Salles polyvalentes au lieu de mosquées/palais nids de terrorisme

Il y a plusieurs faits qui démontrent que des mosquées sont utilisées en Occident pour prêcher l'application de la sharia, voire le terrorisme, que ce soit à Londres[1], en France[2], en Allemagne[3] ou aux Etats-Unis[4]. Après tout, en Islam foi et loi sont des siamois inséparables. Au lieu de construire des mosquées/palais nids de terrorisme, il serait préférable de construire des salles polyvalentes pouvant être utilisées pour différentes activités sociales, y compris le culte de toutes les communautés religieuses. Ceci éviterait les polémiques sur la construction de minarets comme cela s'est passé en Suisse, puisqu'une salle polyvalente n'a ni clocher ni minaret, permet une ouverture des communautés religieuses les unes sur les autres, et facilite le contrôle de ce qui s'y passe. En France la Gendarmerie nationale a découvert qu'environ la moitié du matériel de brouillage des appareils GPS mis en vente sur le marché est utilisée par les responsables religieux dans les mosquées françaises[5].

Certes, on peut nous objecter que les juifs et les chrétiens ont leurs églises. Je réponds que les anciens Égyptiens ont aussi eu leurs pyramides, et ce n'est pas une raison pour construire d'autres pyramides.

---

1 www.blog.sami-aldeeb.com/?p=7563; www.blog.sami-aldeeb.com/?p=16184
2 www.blog.sami-aldeeb.com/?p=10608; www.blog.sami-aldeeb.com/?p=10543
3 www.blog.sami-aldeeb.com/?p=19153
4 www.blog.sami-aldeeb.com/?p=18979
5 http://goo.gl/bwFI1K

9. Interdiction des groupes intégristes et retrait de la nationalité

En France et ailleurs des groupes islamistes usent de la démocratie pour la détruire, prônant l'application de la sharia[1], voir la guerre armée. Un groupe islamiste en France n'hésite pas à annoncer sur son site: «Nous recherchons toutes sortes de compétences mais surtout des soldats! En effet nous avons al hamdoulilah des frères et sœurs qui ont toutes sortes de compétences dans nos rangs et c'est davantage des frères de terrain que nous recherchons cette fois-ci. Donc si vous appréciez les sports de combat et êtes capables d'intervenir rapidement lorsque l'on vous sollicitera alors votre profil nous correspond inchaalah»[2] Ce groupe n'exclut pas le recours à la lutte armée en France[3]. De tels groupes ne devraient pas être tolérés dans un pays comme la France. Les binationaux doivent être privés de la nationalité française et renvoyés ceux eux, et les autres jetés en prison pour trahison nationale.

Les milliers de djihadistes musulmans provenant de l'Occident et se trouvant en Syrie et en Irak reviendront un jour en Belgique, en France, en Allemagne, en Angleterre, en Italie et dans d'autres pays d'où ils proviennent. Ces djihadistes musulmans ne vont pas planter des tomates et des pommes de terre, ni se muer en ermites et moines, mais continueront leurs crimes, auxquels ils se sont habitués en Irak et en Syrie. Celui qui a pris goût au sang, ne peut pas s'en priver – tout comme les toxicomanes. Ces djihadistes musulmans brûleront les villes, feront sauter les usines et les trains, imposeront la djizya (tribut des vaincus) aux non musulmans, égorgeront ceux qui refuseront de se soumettre, enlèveront les femmes en tant que captives de guerre et les vendront dans le marché aux esclaves comme font les djihadistes aujourd'hui avec les femmes yézidites en Irak au vu et au su de tout le monde. Quelle mesure prennent les pays occidentaux pour s'en prémunir? Dans tous les cas, les binationaux ne devront pas être autorisés à revenir dans les pays occidentaux et devront être privés de leur nationalité.

---

[1] www.blog.sami-aldeeb.com/?p=19976
[2] www.blog.sami-aldeeb.com/?p=19785
[3] www.blog.sami-aldeeb.com/?p=19885

Conclusions

1. Deux méthodes pour faire avancer les droits de l'homme

Il existe deux méthodes pour faire progresser les droits de l'homme dans le monde arabo-musulman. La première consiste à critiquer les violations de ces droits dans divers domaines, notamment dans ceux de la liberté religieuse, de l'égalité entre les hommes et les femmes, de la liberté d'opinion et des droits politiques. Les problèmes sont donc abordés sur le terrain du concret. Mais cette première méthode n'est pas suffisante. Pour cette raison, les penseurs musulmans eux-mêmes s'attaquent aux causes de ces violations, à savoir les fondements du droit musulman.

2. Par où commencer?

La première chose à faire dans les pays arabo-musulmans est la suppression de l'article constitutionnel qui dit que l'islam est la religion d'État et une source principale de la législation, voire la principale source de la législation. Ensuite, il faut supprimer toutes les lois de statut personnel, et faire de nouvelles lois qui ne discriminent pas sur la base de la religion ou du sexe. En même temps, on doit modifier les cours scolaires en supprimant toutes les phrases comportant une discrimination fondée sur la religion ou le sexe. Il faut aussi ouvrir la porte à une discussion libre sur la religion et la liberté religieuse, afin de parvenir à une nouvelle définition de la révélation, non pas en tant que parole de Dieu à l'homme, mais une parole de l'homme sur Dieu. Ceci est nécessaire si nous voulons changer les règles incompatibles avec les droits de l'homme et sa dignité. Si nous disons que ces règles sont révélées et sacrées, il est impossible de les changer. Tandis que si nous les considérons comme des règles humaines, donc faillibles, nous pourrons alors les changer et les remplacer par des règles plus conformes aux droits de l'homme.

Pour parler en paraboles comme le Christ, je dirais que le droit musulman ressemble à une tortue. Il peut aller en hibernation, mais avec le premier coup de soleil, il se réveille alors que vous pensiez qu'il était mort. Pour empêcher que la tortue ne se réveille pas, il faut lui couper la tête.

Mais pour parler moins cruel, je dirais que le droit musulman est comme le bambou. Pour l'empêcher de se propager il ne suffit pas de le raser, il faut le déraciner, en s'attaquant à ses racines.

3. Responsabilité de l'Occident

Il est toutefois important de noter qu'une telle transformation radicale exige l'existence d'une liberté de pensée, de larges connaissances et du courage. Ces conditions ne sont pas disponibles dans le monde arabo-musulman, où on coupe la tête de celui qui prônerait un tel changement. Il est donc essentiel que l'Occident aide à la réalisation de ces conditions, au moyen de pression sur les pays arabo-musulmans, en soutenant les penseurs libéraux, en préparant des cadres pour une telle tâche et en ouvrant la recherche dans les universités occidentales. Nous devons souligner ici que l'élimination de l'idée de la révélation ou sa redéfinition ne doit pas concerner seulement les musulmans, mais toutes les religions sans distinction. Les pays occidentaux doivent savoir que les malheurs du monde arabo-musulman finiront par les atteindre par le biais des immigrés musulmans, s'ils ne se préparent pas à contrer le mouvement réactionnaire islamique qui menace non seulement les pays arabo-musulmans, mais peu à peu le monde occidental. L'incendie qui affecte la maison de votre voisin dévorera votre maison si vous ne l'aidez pas à l'éteindre.

4. De l'insurrection de la rue à la résurrection de l'esprit

Personne ne peut nier l'importance de ce qui s'est passé dans les rues de Tunisie, d'Egypte, de Libye, du Yémen et ailleurs. Le malheur veut que les islamistes soient les principaux gagnants de ces événements. On sort d'une dictature pour entrer dans une autre encore plus féroce qui cherche à transformer la moitié de la société en tentes ambulantes, comme disait le Président égyptien Sadate, ou plus précisément en sacs de poubelles, à museler les intellectuels et à instituer des tribunaux d'inquisition dignes du Moyen-âge. Tout cela est dû à la croyance infantile que le Coran est parole de Dieu et que Mahomet est son prophète. Et comme Dieu et son prophète sont supposés, selon cette croyance, connaître mieux que quiconque les intérêts des humains, tout ce qu'ils ont commandé au septième siècle devrait être valable en tout temps et en tout lieu. Or, les fausses prémisses conduisent forcément à de fausses conclusions. Le Coran en réalité est un brouillon mal rédigé, mal ficelé, écrit par un rabbin parfois étourdi qui a puisé ses informations principalement dans des sources juives et chrétiennes apocryphes, et Mahomet n'est qu'un dictateur comme tant d'autres qu'a connus l'humanité, avec ses qualités et ses défauts. Ce n'est qu'en adoptant une telle prémisse qu'on peut espérer rénover le monde arabo-musulman, et non pas en battant le pavé des rues. Nous appelons par conséquent à passer le plus rapidement possible de l'insurrection de la rue à la résurrection de l'esprit, qui est le meilleur garant des droits de l'homme.

Certes, certains objecteront que telles propositions ne feront que courroucer les musulmans et risqueront de produire l'effet contraire. Je signale à mes détracteurs que les philosophes des lumières n'ont pas été tendres à l'égard de l'Église et des religions, et que «ce n'est pas en caressant le derrière de votre femme que vous la rendez enceinte», pour utiliser un proverbe arabe dialectal. La flatterie et la dissimulation ne serviront qu'à encourager les intégristes.

Annexes

Annexe 1.
Plus de 120 savants musulmans accusent l'État islamique d'avoir sali l'Islam[1]

Dans une lettre ouverte de 22 pages appuyée sur de nombreux passages du Coran, les signataires condamnent les meurtres, tortures et exactions commises par les djihadistes au nom de l'Islam.

L'initiative est inédite. Plus de 120 musulmans sunnites du monde entier ont adressé une lettre ouverte[2] à Ibrahim Awwad Al-Badri, alias «Abu Bakr Al-Baghdadi», le chef autoproclamé des djihadistes de l'Etat islamique. Dans ce texte d'une vingtaine de pages rédigé en arabe et traduit notamment en anglais, ils condamnent l'ensemble des crimes commis par les djihadistes du groupe État islamique. Tous les signataires sont sunnites, comme les terroristes de Daesh, et ils viennent de nombreux pays tels que l'Egypte, la Jordanie, le Liban, l'Irak, le Pakistan, l'Indonésie, le Soudan, l'Arabie saoudite ou encore de pays européens. En 24 points, ils accusent le groupe Etat islamique d'avoir sali l'Islam par ses crimes commis en son nom. «Vous avez fourni d'abondantes munitions à tous ceux qui veulent qualifier l'Islam de barbare par la mise en ligne de vos actes barbares soi-disant perpétrés pour le bien de l'Islam. Vous avez donné au monde un bâton pour battre l'Islam alors qu'en réalité, l'Islam est complètement innocente de ces actes, et les prohibe», écrivent-ils.

«Ce que vous avez fait est incontestablement interdit»

Les signataires n'ont pas de mots assez durs pour qualifier les exactions commises par les terroristes contre les non-sunnites, particulièrement les yazidites et les chrétiens. «Concernant les chrétiens arabes, vous leur avez donné trois choix: la djizya (impôts réservés aux non-musulmans), l'épée ou la conversion à l'Islam. Vous avez peint leurs maisons en rouge, détruit leurs églises, et dans certains cas, pillés leurs maisons et leurs biens. Vous avez tué certain d'entre eux, et poussé de nombreux autres à fuir leurs maisons avec rien d'autre que leurs vies et les vêtements qu'ils avaient sur le dos.» Or, le jihad ne s'applique pas aux chrétiens d'un point de vue légal, écrivent-ils, en vertu d'un accord vieux de 1400 ans. «En résumé, ils ne sont pas des étrangers sur ces terres, au contraire, ils sont les natifs de ces terres depuis les temps pré-islamiques. Ils ne sont pas des ennemis, mais des amis.» Concernant les yazidites, les signataires estiment que «sans l'intervention américaine et kurde, des dizaines de milliers d'hommes, de femmes, d'enfants et de vieillards auraient été tués». Ils concluent par une citation du prophète, enjoignant

---

[1] www.blog.sami-aldeeb.com/?p=53858
[2] lettertobaghdadi.com/index.php

de les traiter «comme on traite les Gens du Livre», c'est-à-dire les chrétiens et les juifs.

Le traitement des enfants enrôlés dans les brigades de combats, ainsi que la pratique de l'esclavage sont condamnés sans équivoques par le texte. Les dernières exécutions de journalistes et humanitaires occidentaux sont également réprouvées. Les auteurs rappellent que «toutes les religions interdisent le meurtre des émissaires. «Les journalistes -s'ils sont honnêtes et ne sont bien évidemment pas des espions- sont des émissaires de la vérité, parce que leur travail consiste à exposer la vérité aux gens. Vous avez impitoyablement tué les journalistes James Foley et Steven Sotloff, quand bien même la mère de Sotloff avait plaidé pour votre cause, et imploré votre pitié.» Les travailleurs humanitaires sont également considérés comme des émissaires de «miséricorde et de gentillesse», poursuivent-ils. «Et pourtant, vous avez tué l'humanitaire David Haines», rappellent-ils, avant de conclure: «Ce que vous avez fait est incontestablement interdit («haraam»).

Le texte explique également que l'Islam interdit d'émettre des fatwas «sans toutes les connaissances nécessaires exigées.» «il est également interdit de citer une portion ou un verset du Coran -ou une partie d'un verset- pour en tirer une règle sans regarder tout ce que le Coran et l'Hadîth [traditions tirés des paroles de Mahomet, NDLR] enseignent sur la question. Il faut également une maîtrise parfaite de l'arabe, langue de l'Islam. «Cela signifie maîtriser la grammaire arabe, la syntaxe, la morphologie, la rhétorique, la poésie, l'étymologie et l'exégèse du Coran», détaille le texte. Les signataires dénoncent ainsi l'interprétation extrêmement simpliste des textes religieux faite par les terroristes de Daesh. Ils visent nommément les propos d'Abu al-Baraa' al-Hindi sur le jihad. Dans une vidéo postée en juillet dernier, il conseillait une lecture littérale du Coran sur la guerre sainte, sans s'embarrasser des interprétations des érudits. Les auteurs de la lettre martèlent donc qu'il interdit de «constamment parler de 'simplifier les choses'. […] Il n'est pas non plus permis de dire: 'L'Islam est simple, le prophète et ses nobles compagnons étaient simples, alors pourquoi compliquer l'Islam?'».

Annexe 2.
Réponse du Père Henri Boulad aux 120 savants musulmans[1]

Islamisme et Islam – Henri Boulad, s.j.

Il y a quelques années, le grand juriste Égyptien Saïd el-Achmaoui publiait son fameux livre Al Islam al-siyâssi (L'Islam politique) traduit en français sous le titre de L'Islamisme contre l'islam[2]. Dans cet ouvrage, Achmaoui cherche à montrer que l'islamisme est une déviation, une perversion du véritable Islam, dont l'orientation est uniquement spirituelle et religieuse.

L'islamisme, c'est l'islam

---

[1] www.blog.sami-aldeeb.com/?p=53940
[2] http://goo.gl/aKeHMS

Je prendrai ici le contre-pied de la position de Achmaoui en affirmant que L'ISLAMISME, C'EST L'ISLAM. Cette affirmation n'a rien d'arbitraire ou de fantaisiste. Elle ne relève pas d'un parti pris ou d'une provocation, ni d'une prise de position fanatique ou intolérante, ni d'une approche volontairement négative ou réductrice.

Je pense au contraire que cette affirmation est parfaitement cohérente avec l'histoire et la géographie, avec le Coran et la Sunna, avec la vie de Mohammad et l'évolution de l'Islam, avec ce que l'Islam dit de lui-même.

Je refuse la position de ceux – musulmans ou chrétiens – qui se voilent la face, jouent à la politique de l'autruche, tournent autour du pot, refusent de voir la réalité en toute objectivité, ou prennent leurs désirs pour des réalités, au nom du dialogue et de la tolérance.

On dira que le problème de l'Islam est plus complexe, que ma position est simpliste, simplificatrice et tend à l' « amalgame », comme on dit aujourd'hui.

Je suis tout à fait conscient de la variété des Islams. J'ai même fait des conférences sur « Les six Islams » où je déploie l'éventail des différentes tendances, depuis l'Islam ouvert, libéral, modéré et laïcisant, jusqu'à l'Islam le plus radical, en passant par le soufisme, l'Islam des confréries et l'Islam populaire.

Je suis parfaitement au courant de toute la tendance actuelle de l'Islam laïc et laïcisant, moderne et modernisant. Je pense malgré tout que ce courant n'est guère représentatif de l'Islam officiel, de l'Islam orthodoxe et classique, de l'Islam sunnite tel qu'il s'est toujours manifesté, tel qu'il s'est toujours voulu, tel qu'il se veut encore aujourd'hui.

D'où le rejet par l'Islam officiel de tous les penseurs et intellectuels qui, cherchant à réinterpréter l'Islam à la lumière de la modernité, se font taxer d'hérétiques, d'apostats ou de déviationnistes.

L'islamisme n'est ni une caricature, ni une contrefaçon, ni une hérésie, ni un phénomène marginal et aberrant par rapport à l'Islam classique orthodoxe sunnite.

L'islamisme, c'est l'Islam à découvert, l'Islam sans masque et sans fard

Je pense au contraire que l'islamisme, c'est l'Islam à découvert, l'Islam sans masque et sans fard, l'Islam parfaitement conséquent et fidèle à lui-même, un Islam qui a le courage et la lucidité d'aller jusqu'au bout de lui-même, jusqu'à ses dernières implications.

L'islamisme, c'est l'islam dans toute sa logique, dans toute sa rigueur.

L'islamisme est présent dans l'Islam comme le poussin dans l'œuf, comme le fruit dans la fleur, comme l'arbre dans la graine.

Mais, qu'est-ce que l'islamisme?

L'islamisme, c'est l'Islam politique, porteur d'un projet et d'un modèle de société visant à l'établissement d'un État théocratique fondé sur la charia, seule loi légitime – parce que divine – telle que révélée et consignée dans le Coran et la Sunna, une loi qui a réponse à tout.

Il s'agit là d'un projet global et globalisant, total, totalisant, totalitaire.

CAR L'ISLAM EST UN TOUT: une foi et un culte, un horizon et une morale, un mode de vie et une vision du monde. Intransigeant, il offre le salut ou la perdition.

L'Islam est LA vérité qui ne supporte pas le doute et ses adeptes forment « la meilleure des communautés ».

L'Islam se veut à la fois religion, état et société, une religion et un Etat

L'Islam se veut À LA FOIS RELIGION, ETAT ET SOCIETE, « dîn wa dawla » (« une religion et un État »). Et c'est ainsi qu'il a été tel depuis ses plus lointaines origines.

L'Hégire, qui marque le passage de la Mecque à Médine et le début de l'ère musulmane, signifie que l'Islam cesse d'être une simple religion pour devenir État politique et société. L'Hégire est le moment où Mohammad cesse d'être un simple chef religieux pour devenir chef d'État et leader politique.

Religion et politique seront désormais indissolublement liés.

« L'Islam est politique ou n'est rien » (Khomeiny).

La « soumission » à Allah – qui est le sens même du mot « islam » – est aussi bien exigée du croyant que de l'État. Le pouvoir politique se voue donc entièrement à une mission religieuse. C'est l'annexion de la politique par la religion.

L'idée d'un Islam laïc – et démocratique – est en soi une hérésie

Ce qui frappe dans l'Islam, c'est son EXTRAORDINAIRE COHESION. Car dans l'Islam se mêlent indissolublement, inextricablement le sacré et le profane, le spirituel et le temporel, le religieux et le civil, le public et le privé. L'Islam couvre et embrasse tous les aspects de la vie et de la société. C'est en ce sens que je disais plus haut que l'Islam est global et globalisant, total, totalisant et totalitaire. L'idée d'un Islam laïc – et démocratique – est en soi une hérésie. Il contredit l'essence même de l'Islam.

L'ISLAM EST UN CREUSET FUSIONNEL INTENSE qui engendre un tissu social fortement structuré et donne à une société consistance, cohésion et continuité. D'où son extraordinaire capacité d'intégration. L'Islam a toujours été intégrateur, jamais intégré; toujours assimilateur, jamais assimilé. Une seule exception: l'Espagne… En fait, ce recul n'a été possible que par les moyens que nous connaissons.

Autres atouts de l'Islam: SA GRANDE SIMPLICITE. Simplicité de son dogme, de sa morale, de ses principes. SA SOUPLESSE, son élasticité, sa capacité quasi infinie d'adaptation, à partir d'un noyau dur, solide, irréductible.

C'est cette souplesse de l'Islam qui explique en partie sa foudroyante expansion tant en Afrique (subsaharienne 35 %) qu'en Asie. Ce dernier continent, dans lequel le christianisme a pénétré six siècles avant l'Islam, ne compte que 12 % de chrétiens (mais en expansion avec la Chine aujourd'hui), alors qu'on évalue à près de 33 % le nombre de musulmans (Estimation 2009 du Pew Research Center).

Un dernier point: LE JIHAD

Les textes sont clairs: il s'agit bel et bien d'un combat par l'épée

Le jihad n'est pas un aspect marginal, un accessoire de l'Islam. Il constitue une des principales obligations du croyant. On a voulu interpréter ce terme de façon réductrice, comme si le jihad n'était qu'un combat spirituel et intérieur, un combat contre les passions et les instincts. Non, les textes sont clairs: il s'agit bel et bien d'un combat par l'épée et ce n'est pas un hasard si l'Arabie Saoudite et tel ou tel groupe islamiste représente un glaive sur son écusson (voir Coran: 2.216-217; 3.157-158; 3.169; 8.17; 8.39; 8.41; 8.67; 8.69; 9.5; 9.29; 9.41; 9.111; 9.123; 47.35; 59.8).

Il y a dans l'Islam l'idée de force, de puissance. L'Islam est la religion de la force. Il s'impose souvent par la force et ne cède en général qu'à la force. C'est un fait: historiquement l'Islam s'est souvent étendu par la contrainte et la violence. Il n'est que de consulter les ouvrages de Bat-Ye'or pour s'en convaincre. D'ailleurs, l'Islam ne divise-t-il pas le monde en deux: « la demeure de l'Islam et celle de la guerre », « Dar al-Islâm wa dâr al-harb »?

L'Islam a pour ambition et pour prétention de convertir l'humanité entière. Il est par essence planétaire, universel, à l'instar du christianisme. C'est la prétention de ces deux religions à l'universalité qui explique leur incompatibilité et leur rejet réciproques. Pour le musulman, il n'y a qu'une seule vraie religion, l'Islam: « Inna-dîn 'ind-Allah al-Islâm » (« La religion d'Allah c'est l'Islam »).

Le musulman a en lui la certitude d'avoir raison, de posséder la vérité. Cette conviction a pour conséquence la froide détermination d'aboutir, de réussir un jour à conquérir le monde, envers et contre tout. Rien ne l'arrêtera.

Car l'Islam compte avec le temps. Il a le temps, il a tout le temps, il a toute l'éternité. Il y a dans l'Islam la patience infinie du bédouin suivant sa caravane.

Annexe 3.
Sami Aldeeb: Décapitez le Coran médinois avant qu'il ne vous décapite[1]

Interview de Pierre Cloutier ll.m

médiateur et arbitre en relations du travail

Q – Professeur Aldeeb, comme palestinien d'origine chrétienne vous connaissez bien le monde musulman et comme docteur en droit vous enseignez l'islam et le droit musulman depuis plus de 30 ans en Suisse, en France et en Italie. Récemment vous avez écrit un article choc dans lequel vous dites que l'Occident est aux portes de la guerre civile[2] à cause du djihad islamique. Pouvez-vous expliquer pourquoi à nos lecteurs?

Réponse de Sami Aldeeb

Comme vous le dites, j'enseigne le droit musulman, et j'ai écrit un gros ouvrage d'introduction au droit musulman en français, en anglais et en italien. J'y présente

---

[1] http://www.blog.sami-aldeeb.com/?p=52161
[2] http://www.blog.sami-aldeeb.com/?p=51980

la branche du droit musulman qui représente les « Fondements du droit musulman » et qui permet de comprendre la logique de ce système juridique. Une fois que vous avez appris cette logique, vous pouvez tirer des conclusions pratiquement infaillibles sur l'évolution de la société musulmane et des rapports entre les communautés musulmanes et les autres dans les sociétés non musulmanes, en partant d'une ligne directrice qui date du VIIe siècle. On sait ainsi que les normes du droit musulman peuvent hiberner, comme les tortues de terre, mais elles ne meurent jamais. Et l'unique manière d'empêcher une tortue de se réveiller est de lui couper la tête. Or cela ne s'est jamais fait à travers l'histoire.

Aujourd'hui on s'étonne du comportement des djihadistes en Syrie et en Irak, mais on oublie que ce comportement est en tout point conforme aux normes musulmanes classiques inspirées du Coran et de la tradition de Mahomet. On trouve d'ailleurs ces mêmes normes dans les écrits juridiques d'une figure importante comme Averroès, qu'on cite volontiers en Occident comme un philosophe éclairé, en oubliant que ce grand homme ne s'est nullement écarté du droit musulman découlant du Coran et de la Sunna.

Si vous voulez connaître les rapports entre les communautés musulmanes et non musulmanes, il vous suffit d'observer les normes islamiques classiques. Celles-ci établissent un faisceau de tensions continuelles visant à réaliser le projet islamique, à savoir la domination sur l'ensemble des régions du monde, la soumission des non-musulmans au pouvoir de l'islam, et l'imposition de ses normes, aussi cruelles soient-elles, à la société. Les musulmans peuvent tempérer leurs revendications tant qu'ils sont en état de faiblesse, mais ils ne renonceront jamais à ces revendications qui constituent la composante principale de leur foi.

On l'a vu en Irak. Les chrétiens et les yézidites ont été persécutés par leurs propres voisins musulmans, leurs compagnons d'études musulmans et leurs collègues de travail musulmans. Il a suffi que la situation tourne en faveur des djihadistes pour que ces musulmans apparemment pacifiques deviennent des tortionnaires et des bourreaux. Ils ont laissé tomber le masque et ont montré leur vrai visage.

Des musulmans vivant en Occident, peut-être vos voisins, vos collègues de travail ou d'études, sont partis en Syrie et en Irak pour « vivre leur vrai islam », un islam cruel, inhumain et sanguinaire. Certains ont déclaré ouvertement qu'ils ne se sont jamais sentis aussi bien, « en accord avec leur foi », que depuis qu'ils vivent en Irak et en Syrie. Certains se préparent à revenir dans les pays occidentaux dont ils proviennent. D'autres djihadistes s'infiltrent avec les immigrés musulmans qui débarquent en Sicile. Ces djihadistes ne vont pas se convertir en moines et en ermites. Ils attendent le jour où ils pourront à nouveau « vivre leur vrai islam », « en accord avec leur foi », en égorgeant les non-musulmans, en leur imposant le tribut des vaincus (la djizya), en ravissant leurs femmes et en les vendant au marché des esclaves, suivant en cela leur modèle suprême, Mahomet, et l'enseignement de l'Islam contenu dans le Coran.

L'islam pacifique, tolérant, charitable, comme le décrivent les propagandistes musulmans et les idiots utiles occidentaux, se muera ainsi en un islam criminel, destructeur, violeur, et esclavagiste. Mais c'est toujours le même islam: le premier est l'islam en état d'hibernation, et l'autre est l'islam en éveil. Et tant qu'on ne coupera pas la tête de l'islam, en déracinant le Coran et la Sunna par un processus de désacralisation radicale et sans merci, ceux qui se font des illusions sur l'islam apprendront à leurs risques et péril qu'ils ont vendu leur âme au diable.

Q – Certains commentateurs qui ont lu votre article ont dit que vous exagériez et que ce n'est pas 1500 ou 2000 djihadistes qui pourraient mettre l'occident à feu et à sang. Que leur répondez-vous?

Réponse de Sami Aldeeb

Certes on peut considérer que les 1500 ou 2000 djihadistes qui retourneront en Occident ne suffiraient pas à mettre l'Occident à feu et à sang. Mais il faut ajouter à ce nombre ceux qui avaient l'intention de se rendre en Irak et en Syrie « pour vivre leur foi » et qui n'ont pas pu le faire pour une raison ou une autre. Il faut aussi y ajouter les djihadistes infiltrés parmi les immigrants provenant de ces régions qui affluent par milliers jour après jour sur les côtes italiennes. Il faut aussi y ajouter les cellules dormantes qui vont brusquement se réveiller. Et soudain, comme c'est arrivé en Irak, vos voisins, vos collègues de travail et vos collègues d'études se feront un plaisir de se mettre au service de ces djihadistes, afin de réaliser le rêve islamique de domination des mécréants, en les égorgeant, etc… Et vous le savez, il suffit d'un seul berger malveillant pour conduire un million de moutons pacifiques à la boucherie. Il suffit d'un seul djihadiste pour transformer un quartier en apparence pacifique en un quartier de tortionnaires et de bourreaux.

Q – Est-ce que la situation menace de se répandre aussi en Amérique ou encore chez nous au Québec comme au Canada?

Réponse de Sami Aldeeb

Partout où se trouvent des communautés musulmanes, le même danger guette les sociétés occidentales dans lesquelles elles vivent… tant que vous n'avez pas coupé la tête de la tortue, elle attend simplement de se réveiller. Tout est question de temps. Et comme on dit, l'occasion fait le larron. Ces communautés attendent le moment propice pour enlever le masque et révéler leur vrai visage.

Q – Vous ne semblez pas croire à une solution militaire ou policière, mais d'abord et avant tout à une solution intellectuelle, qui consisterait à « désacraliser » le Coran, plus particulièrement la partie médinoise du livre sacré des Musulmans, ce qui permettrait de désamorcer cette bombe à retardement? Pouvez-vous expliquer cela à nos lecteurs? Et est-ce possible avec les fanatiques?

Réponse de Sami Aldeeb

On ne naît pas fanatique, on le devient « grâce » à la formation qu'on reçoit dans la famille, à l'école et dans la mosquée. Je ne nie pas l'importance de l'action militaire contre les djihadistes en Syrie et en Irak. Mais même si vous massacrez tous les djihadistes, vous ne pourrez pas empêcher la naissance d'autres djihadistes prônant la même idéologie. Il faut donc traiter le mal à la racine. Et vous ne pouvez pas bombarder des quartiers des villes canadiennes simplement parce que des djihadistes y vivent. Et si vous le faites tout de même, vous avez vraiment une guerre civile sur les bras. Vous ne pouvez pas non plus jeter tous les djihadistes en prison ad vitam eternam. Cela coûterait trop cher à la société, et ce serait contre-productif parce qu'ils vont faire des émules parmi leurs codétenus. Et si l'on compare l'idéologie islamique au virus Ébola ou au virus de la grippe aviaire (et elle est nettement plus dangereuse que ces deux virus réunis), vous ne pouvez pas envoyer l'armée pour combattre ce problème en massacrant ceux qui en sont atteints. Vous auriez l'air ridicule. Vous devez diagnostiquer la maladie, identifier le virus, trouver un vaccin approprié et prendre des mesures pour empêcher sa propagation. Il en va de même avec l'idéologie qui a donné naissance aux djihadistes. Rappelez-vous du préambule de l'acte constitutif de l'UNESCO:

Les gouvernements des États parties à la présente Convention, au nom de leurs peuples, déclarent :

Que, les guerres prenant naissance dans l'esprit des hommes, c'est dans l'esprit des hommes que doivent être élevées les défenses de la paix…

Q – Chez nous, au Québec, on n'avait jamais entendu parler de l'islam et très peu de gens connaissait le monde musulman jusqu'à très récemment, quand le gouvernement du Québec, du Parti Québécois, a voulu faire adopter, sans succès, une charte de la laïcité, après que le débat eut dérapé concernant l'interdiction des signes religieux ostentatoires dans l'espace civique ou gouvernemental, particulièrement à cause du voile islamique. Les Québécois ont-ils fait une erreur?

Réponse de Sami Aldeeb

Le Québec, la France, l'Allemagne, l'Angleterre et autres pays occidentaux ont tous commis la même erreur: celle d'avoir pris un cancer pour un simple mal de tête qu'on peut soigner avec une aspirine. Et tout à coup, ils s'étonnent que le cancer s'étende à l'ensemble de la société. Si vous vous trompez en diagnostiquant une maladie, vous risquez fort d'aggraver la situation et de mourir sous l'effet du médicament inapproprié. Appelez Ébola une simple grippe intestinale, et vous verrez les conséquences catastrophiques d'un tel diagnostic.

Q – Le voile islamique porté par les femmes n'est-il pas une arme utilisée habilement par les islamistes pour faire avancer la cause de la charia (la loi d'Allah)?

Réponse de Sami Aldeeb

On trouve le voile dans la Bible, porté par les prostituées pour éviter d'être identifiées. Nombre de prostituées en Égypte portent le voile intégral pour écarter les soupçons des voisins. Et aujourd'hui, le voile sert de camouflage à des terroristes, des braqueurs et autres malfaiteurs. Dans les pays occidentaux, le voile est aussi un cheval de Troie, pour détruire la société occidentale. On a eu tort de le traiter comme un simple chiffon. De nouveau, un mauvais diagnostic entraîne des conséquences catastrophiques. Mais pour combattre le voile, il ne suffit pas de faire payer des amendes à celles qui le portent, il faut désacraliser les normes qui lui servent de support.

Q – Lorsqu'il a pris le pouvoir en 1976, le Parti Québécois a décidé d'ouvrir plus largement les portes du territoire québécois à l'immigration francophone et a fait entrer un fort contingent de gens provenant du Maghreb, sans évidemment tenir compte du facteur religieux. Est-ce une erreur et, si oui, comment la rectifier? Un engagement solennel et conditionnel à se soumettre à la règle de la laïcité est-elle une voie souhaitable?

Réponse de Sami Aldeeb

De nouveau, le Québec, comme les autres pays occidentaux, a mal diagnostiqué le problème. Amener des immigrants porteurs d'un virus quelconque ne devrait être permis que si l'on identifie le virus en question et si l'on dispose d'un vaccin approprié. Sans cela, vous courez à votre propre perte. Or, malheureusement aucun diagnostic n'a été posé, et aucun vaccin n'a été trouvé. Et maintenant, on paie le prix de cette imprudence. Pire, personne n'ose demander un tel diagnostic et proposer un vaccin. Vous seriez taxé d'islamophobie et trainé devant les tribunaux, pour être condamné par des juges ignorants qui n'ont reçu aucune formation en virologie. Y a-t-il une possibilité de remédier à cette situation? La réponse est simple: si vous avez des couilles, vous pouvez y remédier. Si vous n'avez pas de couilles, vous succomberez, à cause de votre couardise et votre ignorance. Un extrait du Dictionnaire philosophique de Voltaire résume bien la situation actuelle:

> Boldmind – Vous êtes tranquilles, mais vous n'êtes pas heureux; c'est la tranquillité des galériens qui rament en cadence et en silence.
>
> Médroso – Vous croyez donc que mon âme est aux galères?
>
> Boldmind – Oui, et je voudrais la délivrer.
>
> Médroso – Mais si je me trouve bien aux galères?
>
> Boldmind – En ce cas vous méritez d'y être.

Ce sont généralement les universités qui doivent former les virologues afin de combattre les épidémies. Or, je constate que les professeurs des universités d'Occident sont des gens sans couilles. J'ai donc des raisons de craindre le pire pour l'Occident.

Q – Certains affirment haut et fort que tous les musulmans ne sont pas tous des terroristes et que nous devons faire une distinction très claire entre l'islam et l'islamisme. Que pensez-vous de cela?

Réponse de Sami Aldeeb

Toute personne saine peut devenir malade si elle est exposée à un virus, et elle peut en mourir sans un vaccin et des mesures préventives. Tout musulman, comme tout être humain, peut passer d'un état à l'autre. L'art de la survie consiste à éviter ce passage. L'Islam des débuts, lorsqu'il ne disposait pas de forces suffisantes pour s'imposer, donnait aussi l'impression d'être pacifique. Mais il a suffi que Mahomet « émigre » de La Mecque à Médine et ait accès à des armes pour qu'il se transforme en un chef de bandits cruel et sanguinaire. L'Islam porte en lui les germes de son évolution, il change selon les circonstances et les conditions. Il faut savoir comment dompter l'animal féroce qui dort en lui, en lui coupant la tête grâce à une désacralisation du Coran et de la Sunna. Et j'insiste: si vous ne voulez pas qu'un arbre repousse sans cesse, il faut le déraciner.

Q – Récemment à Montréal, comme en Europe, beaucoup de Québécois sont descendus dans la rue pour appuyer les Palestiniens de Gaza dans la lutte qui les oppose à Israël. Pourtant, quand on lit la Charte du Hamas, rien ne nous laisse croire que l'accord de paix récemment intervenu va empêcher le Hamas de poursuivre son objectif qui est de faire de la Palestine, y compris Israël, une terre d'Islam. Sans défendre nécessairement les excès de Tsahal (l'armée d'Israël), si vous étiez juif et viviez en Israël, que feriez-vous? Est-il possible que deux États souverains, la Palestine et Israël, puissent vivre en paix dans la région, sans une réforme du Coran?

Réponse de Sami Aldeeb

Le conflit du Proche-Orient est un conflit idéologique, des deux côtés: côté juif et côté musulman. Un cheikh égyptien a dit haut et fort que le conflit entre musulmans et juifs ne porte pas sur le territoire de la Palestine. Même si les juifs quittaient la Palestine, ce conflit se poursuivrait jusqu'au jour dernier. Les armes ne peuvent rien contre une idéologie: elles ne peuvent rien contre le virus Ébola. Tant que vous n'avez pas déraciné l'idéologie musulmane et l'idéologie juive, tout espoir de paix est vain.

Q – Serait-il possible pour vous, actuellement, et comme chrétien, de retourner vivre en Palestine et de dénoncer l'islam comme vous le faites? Est-ce que vous vous sentez parfaitement en sécurité en Suisse, malgré vos prises de position?

Réponse de Sami Aldeeb

Aujourd'hui, comme par le passé, personne ne peut critiquer l'islam ou le Coran. Si par exemple un professeur disait qu'il n'existe ne serait-ce qu'une seule erreur linguistique dans le Coran, on lui trancherait la tête — or je prépare actuellement une édition arabe du coran annotée dans laquelle je relève pas moins de 2000 erreurs linguistiques et stylistiques. C'est ma manière de désacraliser le Coran. Sans critique, aucune société ne peut évoluer. Vous ne pouvez même pas développer une simple bicyclette si vous n'avez pas le droit de la critiquer. Des mouvements islamistes, soutenus par les tribunaux occidentaux, tentent d'empêcher toute critique de l'islam. Il faut savoir résister à ce vent d'inquisition dans l'intérêt même de l'humanité. Les juges occidentaux qui soutiennent cette inquisition sont de véritables idiots utiles qui exposent leurs propres pays aux pires dangers.

Q – Professeur Aldeeb, vous avez été le premier à écrire une version du Coran (en français, en anglais, en italien et bientôt en arabe) qui tient compte de l'ordre chronologique des (présumées) révélations faites à Mahomet qui se sont échelonnées sur 23 ans (610-632), Cet ouvrage permet de bien saisir la différence entre les versets pacifiques de la Mecque, où Mahomet était un simple prophète et ceux de Médine (violents et inacceptables) où il était devenu chef d'État et chef de guerre. Comment cet ouvrage a-t-il été reçu en général, et dans le monde musulman en particulier?

Réponse de Sami Aldeeb

Étrangement, ma traduction française n'a suscité aucune opposition significative. Et pour cause. J'ai mis le Coran dans l'ordre chronologique en suivant strictement les indications données dans l'édition arabe du Coran établie par l'Azhar. Mais il faut aussi dire qu'aucun pays arabe ou musulman ne permettrait une telle édition ou sa vente sur son territoire, parce qu'elle met en question l'intouchabilité du Coran. Or sans une distinction nette entre le Coran mecquois et le Coran médinois, on ne voit pas bien comment le Coran s'est transformé au cours des années, passant d'un livre pacifique à un instrument de conflit autorisant l'occupation des territoires, l'imposition de normes vexatoires et discriminatoires à l'égard des gens du livre, l'égorgement des polythéistes, le rapt des femmes et l'esclavage. Mon édition arabe du Coran, que j'espère terminer prochainement, sera mise à disposition gratuitement sur internet, parce qu'il est impossible de la distribuer dans les pays arabes et musulmans en version imprimée, et je souhaite qu'elle soit accessible à tous. Le jour où cette édition sera enseignée dans les universités occidentales, et par la suite dans les universités arabes et musulmanes, ce jour-là marquera le début de la libération de l'humanité du joug de l'islam. Cette édition pourrait fort bien avoir plus d'importance que la révolution française ou toute autre révolution, parce qu'elle permettra de remettre en marche le cerveau humain, qui est actuellement dans un état comateux en ce qui concerne l'islam.

Q – Êtes-vous optimiste ou pessimiste pour l'avenir et pourquoi?

Réponse de Sami Aldeeb

L'issue de toute guerre dépend des moyens mis à disposition pour l'emporter. Actuellement, ces moyens sont très réduits parce que les universitaires n'ont pas assez de couilles pour sonner l'alarme, et nos politiciens n'ont ni le courage ni l'intelligence nécessaires pour comprendre les risques que leurs pays courent face au virus de l'islam. J'ai donc toutes les raisons d'être pessimiste. Dire le contraire serait téméraire et prétentieux, et ne ferait qu'endormir les gens. Il est temps de sonner l'alarme, et très fort, afin d'éviter le tocsin annonçant la déchéance de l'humanité.

Annexe 4.
Sami Aldeeb: Faut-il former des imams dans les universités occidentales? Oui, à condition que...[1]

La communauté musulmane en Suisse, dont le nombre d'adhérents est en continuelle augmentation, a droit à l'exercice de sa religion et aussi à l'enseignement religieux. Faut-il enseigner l'islam et former les imams dans les universités? Le débat fait rage en Suisse, et aura des conséquences dans les autres pays occidentaux.

---

[1] http://www.blog.sami-aldeeb.com/?p=53309

La question qui se pose est de savoir de quel exercice de religion et de quel enseignement il s'agit.

Salles polyvalentes au lieu de mosquées-nids de terrorisme

Le peuple suisse a dit non à la construction des minarets en Suisse. J'ai soutenu cette initiative estimant que la constitution suisse garantit le droit de prier et non pas le droit de crier. Le minaret étant le lieu à partir duquel l'appel à la prière est lancé, et donc source de nuisances sonores, il n'a pas sa place en Suisse. Nombreux sont les musulmans dans les pays musulmans qui se plaignent du bruit occasionné par les minarets, qui dérange les enfants en bas âge, les malades, les personnes âgées, et ceux qui doivent se reposer la nuit ou le jour. D'ailleurs, 75% des lieux de culte musulmans en Egypte ne disposent pas de minarets, et la mosquée Al-Aqsa, deuxième lieu saint de l'islam situé à Jérusalem, n'a pas de minaret. Le minaret n'est apparu dans l'islam que plusieurs décennies après la mort de Mahomet. Il s'agit donc d'une innovation (bid'ah), et on sait qu'en matière de culte, toute innovation est condamnée par l'islam. Mahomet dit à cet égard:

كل بدعة ضلالة وكل ضلالة في النار

Toute innovation est une erreur, et toute erreur est en enfer

Aujourd'hui, les lieux de culte musulmans en Suisse et ailleurs sont détournés de leur objectif. Il est largement admis que ces lieux sont des pourvoyeurs de djihadistes vers l'Irak et la Syrie avec leurs pratiques criminelles contre aussi bien les musulmans que les non-musulmans. Ils servent aussi de vecteurs de fanatisme dans la communauté musulmane. On signale aussi que la moitié des appareils de brouillage vendus en France sont acquis par les mosquées afin d'empêcher la police de contrôler ce qui se dit dans les prêches des imams. Pour cette raison, je suis actuellement opposé à la construction des mosquées-palais et je recommande leur remplacement par des salles polyvalentes ouvertes à tous: vendredi pour le culte musulman, samedi pour le culte juif, dimanche pour le culte chrétien, lundi pour le culte bouddhiste, etc. Et en dehors des heures de culte, ces salles peuvent servir de lieux de réunion, de sport, de danse orientale, etc. On ne peut donc interdire aux musulmans d'avoir un lieu où ils peuvent s'abriter du vent, de la pluie et du soleil afin d'accomplir leurs prières communautaires, mais ces lieux ne doivent pas devenir des nids de terrorisme et de fanatisme. Et il faut que la police et le public puissent avoir un œil sur ce qui se dit pendant ces réunions de prière.

Enseigner un Coran et un Islam expurgés

Si la communauté musulmane a le droit d'avoir un lieu où prier (de préférence pas des mosquées), elle a aussi le droit d'avoir du personnel qui assure la conduite du culte. L'imam, en arabe, signifie celui qui se met devant les fidèles, pour leur servir de modèle, pour conduire la prière, faire le prêche et assurer un enseignement religieux à sa communauté. Et comme le culte musulman se déroule en arabe, à l'exception du prêche, l'imam doit connaître l'arabe. En France, en Belgique, comme ailleurs, ce sont souvent des imams provenant des pays arabes et musulmans dont sont originaires les musulmans qui assurent ce service religieux. Mais ce sont des vecteurs de fanatisme. Raison pour laquelle la France expulse de temps en temps des imams qui prêchent la haine dans les mosquées. Encore faut-il que la France soit au courant de tout ce qui se dit dans les mosquées. Il y a fort à parier que si la France connaissait réellement ce qui se dit dans les mosquées, aucun imam étranger ne resterait en France. Ces imams viennent avec leurs habits traditionnels, leurs coutumes locales et leur haine des non-musulmans. Au lieu de veiller au bon déroulement du culte musulman, ils sèment la haine, la division et la violence en France et ailleurs. D'où la nécessité d'avoir des imams « made in France, made in Switzerland, made in Belgium, etc. » La question est de savoir qui va assurer la formation de ces imams. Qui va déterminer ce qui leur est enseigné, et à quelle condition ils peuvent exercer leur fonction d'imam, voire d'enseignant ou d'aumônier dans les écoles et les prisons.

Si vous faites venir des professeurs des pays arabes ou musulmans pour former des imams locaux, le problème restera le même. Il faut donc écarter d'emblée tous les professeurs étrangers. D'autre part, il faut que les programmes de formation soient en conformité avec les droits de l'homme et les lois françaises, suisses, belges, etc. Ce qui signifie qu'il faut exercer un contrôle strict sur ce qui est enseigné. Dans des écoles musulmanes de Grande-Bretagne, on a découvert des manuels qui enseignent aux élèves comment couper les mains des voleurs. Ce sont des manuels importés directement de l'Arabie saoudite. Il n'est donc pas question de copier les programmes et les manuels enseignés dans les pays arabes ou musulmans. Aujourd'hui le terrorisme et la violence dans ces pays sont le produit de l'enseignement de l'Azhar et autres institutions religieuses musulmanes.

Il n'est pas non plus question de l'enseignement du droit musulman tel qu'il est enseigné dans les pays arabes et musulmans. Il faudrait donc enseigner un islam expurgé de toutes ses normes contraires aux droits de l'homme et aux lois françaises, suisses, belges et autres. Le Coran et les ouvrages de hadiths (les deux sources du droit musulman) doivent être enseignés de façon critique en indiquant qu'il s'agit de textes appartenant au 7ème siècle, et contraires aux droits de l'homme. Le Coran, surtout, doit être arrangé de façon chronologique et comporter au début un avertissement indiquant que ce livre comporte des normes violentes et contraires aux droits de l'homme. Ceci doit être enseigné aux imams et autres membres du personnel religieux musulman. Aucun imam, aucun enseignant, aucun aumônier ne devrait pouvoir exercer en France, en Belgique, en Suisse et ailleurs que s'il dénonce les normes coraniques contraires aux droits de l'homme, rejette l'application du droit musulman, admet le mariage d'une musulmane avec un non-musulman, et admet le droit de tout musulman de quitter sa religion sans aucune conséquence.

Au lieu d'enseigner l'islam comme on l'enseigne dans les institutions arabes et islamiques, il faut exiger l'enseignement de l'islam de Mahmoud Muhammad Taha, le Soudanais pendu en 1985 sur incitation de l'Azhar et autres institutions musulmanes. Ce penseur s'est clairement prononcé contre la partie du Coran dite « médinoise », et pour le retour à la partie dite mecquoise. Ce faisant, il écarte toutes les normes islamiques violentes et discriminatoires contre les femmes et les non-musulmans.

Voilà donc les conditions auxquelles il faut soumettre toute formation d'imams, d'enseignants et d'aumôniers en France, en Suisse, en Belgique et ailleurs. Sans cela, les pays occidentaux doivent se préparer à la guerre civile comme cela se passe en Syrie, en Irak, en Libye et ailleurs.

Il ne sert à rien d'envoyer des avions bombarder en Syrie et en Irak des djihadistes provenant de l'Occident, alors que ces djihadistes sont le produit de l'Occident et le résultat de sa lâcheté face à l'islam. Il faut combattre l'idéologie mortifère de l'islam non pas en Syrie et en Irak, mais ici, en Occident, et exiger une refonte en profondeur de cette religion.

Ce qui précède doit aussi être appliqué dans les pays arabes et musulmans qui vivent une tragédie en raison de l'enseignement de l'islam traditionnel. C'est le seul moyen pour s'en sortir.

Annexe 5.
Sami Aldeeb: Y a-t-il un moyen pour faire évoluer l'Islam afin de l'adapter aux droits de l'homme?[1]

1) Toute religion est humaine

Les musulmans croient que l'Islam est la religion qu'Allah a choisie pour l'humanité jusqu'au jour de la résurrection, invoquant le Coran: "La religion auprès de Dieu est l'Islam" (3 : 19), "Ce jour, j'ai complété pour vous votre religion, et j'ai accompli ma grâce envers vous. J'agrée l'islam comme religion pour vous" (5 : 3), "Quiconque recherche une religion autre que l'Islam, elle ne sera pas acceptée de lui" (3 : 85). Ils tentent par tous les moyens à imposer leurs vues et leurs comportements aux autres tant dans les sociétés islamiques que non-islamiques, et n'hésitent pas à critiquer les croyances des "infidèles" et leurs livres saints "falsifiés" et à prier pour que "Dieu rende orphelins leurs enfants, pourchasse leur progéniture et rende veuves leurs femmes". Par conséquent, les non-musulmans ont le droit de répondre aux musulmans et de critiquer le Coran, sachant que 80% du Coran provient de sources juives et 10% de sources chrétiennes comme le démontrent ma traduction et mon édition arabe du Coran. Les juifs et les chrétiens ont donc plus de droit sur le Coran que les musulmans eux-mêmes. Et comme le disent les frères de Joseph: "Voici que notre marchandise nous a été rendue" (12 : 65).

En citant le Coran, les musulmans partent de la croyance qu'il est infaillible, même sur le plan linguistique. Ils invoquent en cela le Coran: "Un Coran arabe, sans tortuosité. Peut-être craindront-ils Dieu" (39 : 28), "Le faux ne l'atteint ni par devant ni par derrière. Une descente de la part d'un sage et d'un louable" (41 : 42). Et lorsque vous exposez les erreurs linguistiques et stylistiques du Coran estimées à environ 2000 erreurs, ils se pressent à inventer des justifications risibles, considérant qu'il s'agit d'éloquence!

---

1 http://www.blog.sami-aldeeb.com/?p=49225

La croyance des musulmans que l'islam est la religion de Dieu et que le Coran est le Livre de Dieu est sans fondement. Chaque religion est humaine. L'Islam ne diffère pas en cela des autres religions, philosophies et systèmes politiques. Le Coran, comme tous les autres livres sacrés (sacrés livres) juifs, chrétiens, sabéens, bouddhistes, hindouistes, zoroastriens et baha'is, est un texte fait par l'homme. Et il ne peut en aucun cas en être autrement. Il n'est pas nécessaire de répéter ici ce que j'ai dit à maintes reprises dans mes articles que le Coran n'est pas un livre mais un brouillon décousu combinant pêle-mêle des fragments écrit par un rabbin. Ceci est prouvé par les sources juives sur lesquelles son auteur s'est basé pour le composer.

Comme toutes les religions, l'islam comprend une vision globale de la vie en ce monde, des relations entre les humains et avec le Créateur, ainsi de l'au-delà. Et chaque religion a sa part de légendes indispensables pour divertir et satisfaire les simples d'esprit. Le Coran lui-même est plein de légendes, comme la légende de la descente de l'ange Gabriel du ciel avec le Coran, et la légende de la montée de Mahomet au ciel sur une monture ailée.

2) L'islam reflète la culture du VIIe siècle

En tant que produit humain, toute religion reflète la culture de la société et de l'époque dans lesquelles elle est née. Et l'islam ne fait pas exception à cette règle. En tant que système du septième siècle, il reflète les idées, les mœurs et coutumes de ce siècle-là dans la péninsule arabique. Selon des sources islamiques, le Coran "est descendu du ciel" entre 610 et 632. Au cours de ces années, il y a eu des changements considérables dans la société. De simple employé chez Khadija dans la société mecquoise tolérante rassemblant en un seul endroit 360 divinités, Muhammad s'est pris pour un prophète voulant imposer ses idées à la société, même avec l'épée: "Je vous suis venu avec l'égorgement" (Recueil Al-Bukhari no 3643). Après avoir immigré à Médine, il est devenu un dictateur: "Ô vous qui avez cru! N'élevez pas vos voix au-dessus de la voix du Prophète" (49 : 2), interceptant les caravanes, attaquant les tribus, faisant main basse sur leurs biens, s'appropriant leurs femmes, coupant les têtes de ses adversaires, imposant le tribut à ceux qui ne suivent pas sa religion et tuant les apostats: "Quiconque change sa religion, tuez-le" (Recueil Boukhari n ° 3017).

La loi de Mahomet a prescrit des sanctions brutales reprises dans leur majorité de la Bible (mise à mort de l'apostat, lapidation de l'adultère, amputation de la main du voleur, et loi du talion). Elle a établi une discrimination contre les femmes (en matière d'héritage, de témoignage et des sanctions) et contre les non-musulmans (ainsi un non-musulman ne peut épouser une musulmane, mais un musulman peut épouser une non-musulmane). Elle a prescrit la destruction des statues (comme l'a fait Mahomet lors de la conquête de la Mecque et les Talibans en Afghanistan, prescription prévue dans la Bible - voir Exode 20: 2-5 et 34: 13), l'appropriation des femmes de l'ennemi, l'esclavage et la mise à mort des prisonniers: "Il n'appartient pas à un prophète d'avoir de prisonniers avant d'avoir meurtri sur la terre" (8 : 67).

Alors que les versets mecquois s'adressaient à tous les humains: "O humains", ceux de la Médine sont devenus discriminatoires, s'adressant aux seuls croyants: "O vous qui croyez", établissant une distinction entre eux et les mécréants: "Quant à ceux qui ont mécru, je les châtierai d'un châtiment fort, dans la vie ici-bas et la vie dernière. Ils n'auront pas de secoureurs!" (3 : 56). Le Coran couronna sa législation par le verset du sabre: "Une fois écoulés les mois interdits, tuez les associateurs où que vous les trouviez. Prenez-les, assiégez-les et restez assis aux aguets contre eux. Si ensuite ils sont revenus, ont élevé la prière et donné l'aumône épuratrice, alors dégagez leur voie. Dieu est pardonneur et très miséricordieux" (113 : 5). Certains pensant que le verset du sabre est le suivant: "Combattez ceux qui ne croient ni en Dieu ni au jour dernier, qui n'interdisent pas ce que Dieu et son envoyé ont interdit et qui ne professent pas la religion de la vérité, parmi ceux auxquels le livre fut donné, jusqu'à ce qu'ils donnent le tribut par leurs mains, en état de mépris" (113 : 29). Le verset du sabre a abrogé tous les versets tolérants comme "Nulle contrainte dans la religion" (2 : 256), et "Celui qui souhaite, qu'il croie; et celui qui souhaite, qu'il mécroie" (18 : 29). Muhammad a interdit aux non-musulmans de faire le pèlerinage à leur temple mecquois: "Ô vous qui avez cru! Les associateurs ne sont qu'impureté. Qu'ils ne s'approchent plus du Sanctuaire interdit, après cette année-ci" (5 : 28). Toutes ces normes sont en violation des droits de l'homme comme nous les entendons aujourd'hui.

Cette transformation de l'islam mecquois tolérant à l'Islam médinois violent a été consacrée dans le chapitre de la "repentance" qui ne comporte pas l'invocation initiale "Au nom de Dieu, le tout miséricordieux, le très miséricordieux". Ce chapitre porte le numéro 113 dans l'ordre chronologique du Coran qui comprend 114 chapitres, et il est considéré par certains comme le dernier chapitre "descendu" du ciel. Il n'y a plus de place pour la miséricorde et à l'épée revint le dernier mot: "Ne faiblissez donc pas et n'appelez pas à la paix alors que vous êtes les plus élevés" (47 : 35).

Pour fermer la porte derrière lui, Mohammed s'est déclaré comme le sceau des Prophètes: "Mahomet n'a jamais été le père de l'un de vos hommes, mais l'envoyé de Dieu et le sceau des prophètes" (33 : 40), et a qualifié ses femmes comme étant les mères des croyants, interdisant de les épouser après sa mort: "Le Prophète a priorité sur les croyants eux-mêmes. Ses épouses sont leurs mères" (33 : 6). Ainsi il a privé sa plus jeune épouse Aisha de son droit au mariage. Lors du décès de Mahomet, elle avait 18 ans, et elle est décédée à l'âge de 64 ans. Pas étonnant qu'elle se soit occupée à fomenter des troubles, dont l'assassinat du calife Othman, et la bataille du chameau contre Ali – troubles dont nous vivons encore aujourd'hui les conséquences sanglantes au Pakistan et en Irak entre sunnites et chiites. Pour rappel, Aisha était derrière le récit de "l'allaitement des adultes" (Recueil Al-Bukhari no 4000). "Ainsi Aisha ordonnait à ses nièces d'allaiter ceux qu'elle voulait fréquenter" - l'allaitement créant un lien de parenté permet la mixité entre hommes et femmes (Recueil Ibn Daoud no 2061). Si Aisha s'était mariée après la mort de Mahomet, la face du monde aurait changé. Comme nous pouvons le voir, ce qui s'est passé il y a 14 siècles, nous continuons à en assumer les conséquences en sang et en destruction.

3) La nécessité de l'évolution de la religion – l'exemple du christianisme

Le scientifique qui ne se met pas à jour, devient ridicule. Nous nous précipitons tous pour acheter le dernier modèle électronique – télévision, téléphone ou ordinateur. Les vieilles machines sont placées dans des musées ou jetées. Les immeubles qui sont construites aujourd'hui sont soumis aux nouveaux règlements et équipés de ventilation et de chauffage les plus modernes. Vous ne pouvez pas construire une tour de cent étages comme les vieilles maisons d'un étage, sans cela elles tomberaient sur votre tête.

Ce qui se dit de la science s'applique aux religions et aux autres systèmes sociaux. Les religions et les systèmes qui ne tiennent pas compte de l'évolution de la pensée humaine deviennent obsolètes, et constituent une menace pour ses adeptes et l'ensemble de la société. Prenons l'exemple du christianisme du Moyen-Âge avec ses sinistres tribunaux d'inquisition. Allons dans la ville de Genève en 1555. Cette année-là, une décision a été entérinée par Jean Calvin à l'encontre du médecin et théologien Michel Servet brûlé vivant. Si vous allez à Genève aujourd'hui, vous trouverez le nom de ce martyr donné à une de ses principales rues pour l'honorer et présenter des excuses en raison du crime commis par l'Église contre lui. On y trouve une stèle sur laquelle les autorités religieuses reconnaissent leur crime.

On peut donner plusieurs exemples d'actes infâmes similaires commis par les autorités religieuses chrétiennes, comme William Tyndale traducteur de la Bible en anglais étranglé et brûlé en 1536, Giordano Bruno brûlé vivant en 1600, et Galileo condamné en 1616 à ne plus enseigner. Mais ces autorités ont fini par reconnaître leurs crimes. Nous ne pouvons pas imaginer la répétition à Genève de ce qui s'est passé en 1555. Et alors que l'Église était hostile aux droits de l'homme jusqu'à très récemment, en particulier dans le domaine de la liberté religieuse, elle a été contrainte de renoncer à son opposition.

Le christianisme ne s'est pas développé de son gré, mais sous la pression constante des autorités dirigeantes et des philosophes des Lumières. Les griffes et les dents de l'Église ont été arrachées et ses mouvements paralysés afin de ne pas sévir contre ceux qui contreviennent à ses enseignements. Mais il nous faut reconnaître que l'absence de normes juridiques dans l'Évangile a contribué à cette transformation. Jésus n'a pas laissé de système juridique, mais plutôt un ensemble de normes morales. Par conséquent, l'Occident chrétien a adopté la définition de la loi comme étant "ce que le peuple prescrit et établit". Cette définition fournie par le célèbre jurisconsulte romain Gaius, décédé vers l'an 180, est à la base de la démocratie moderne. Et grâce à l'attitude des philosophes des Lumières, les livres sacrés ont été marginalisés, ne servant plus comme prétextes pour tuer les apostats et brûler les hérétiques.

4) La difficulté de l'évolution de l'Islam

Si nous passons à l'Islam, nous voyons que son évolution se heurte à deux problèmes.

Le premier problème est lié à la définition de la loi comme étant ce que Dieu a prescrit dans le Coran et la Sunnah de Muhammad: "Dis: Obéissez à Dieu et à l'envoyé. Si ensuite ils tournent le dos, Dieu n'aime pas les mécréants!" (3 : 32).

Quelle que soit la volonté du peuple, il ne peut se débarrasser du texte prévu dans le Coran et la Sunnah. Il peut y avoir un moyen pour s'en détourner pour un certain temps, mais tôt ou tard on y revient: "chassez le naturel il revient à galop". Ainsi le texte est dépoussiéré et remis en vigueur. C'est ce qui s'est passé, par exemple, avec les statues de Bouddha en Afghanistan et la statue d'Abu Al-Alaa Al-Maarri en Syrie. C'est pourquoi les mouvements islamiques réclament l'application de la charia dans son intégralité, y comprises les sanctions brutales, l'imposition du tribut aux non-musulmans, l'appropriation des femmes de l'ennemi et autres normes contraires aux droits de l'homme. C'est la raison du maintien de l'inégalité entre les hommes et les femmes en matière d'héritage et de témoignage. C'est la base de la fatwa du cheikh Gad al-Haq: "La circoncision pour les hommes est une sunnah faisant partie des normes de la nature, et pour les femmes elle est un acte méritoire. Si les habitants d'un pays s'accordent à abandonner la circoncision, l'Imam leur déclare la guerre, parce qu'elle fait partie des rituels de l'islam et de ses spécificités" (le texte de la fatwa ici http://ar.islamway.net/fatwa/15505). Imaginez ce monsieur qui veut lancer une guerre destructrice rien que pour imposer la circoncision masculine et féminine! Et il fait partie de l'élite égyptienne, puisqu'il a été grand Mufti de la République et grand cheikh de l'Azhar. Que dire alors des autres? Il convient de noter ici que le Conseil des ministres arabes de la Justice a approuvé à l'unanimité en 1996 un code pénal arabe unifié prévoyant la mise à mort de l'apostat, la lapidation de l'adultère, l'amputation de la main du voleur et la loi du talion (la loi est sur le site de la Ligue arabe http://carjj.org/node/237).

Le deuxième problème est le manque de liberté d'expression dans les pays arabes et musulmans dans le domaine de la religion. Vous ne pouvez faire évoluer une religion - ou un appareil électronique - que si vous pouvez la critiquer. Mais les intellectuels dans les pays arabes et musulmans sont castrés, étant éduqués selon l'argument de Ghazali: "Il n'est pas possible de créer mieux que ce qui a été réalisé dans le passe", toujours nostalgiques pour l'âge d'or chimérique. La castration se fait en deux phases:

- La castration mentale: Le musulman est apprivoisé dès son jeune âge. Lorsqu'il naît, on lui fait entendre à l'oreille l'appel à la prière, appel qu'il entendra cinq fois par jour tout au long de sa vie. Et dès la première jusqu'à la dernière année de ses études, il doit apprendre l'islam. Sans oublier les mosquées, les stations de radio et de télévision officielles et privées qui se chargent de lui laver le cerveau, ne laissant aucune place pour une pensée alternative. Évidemment, on met l'accent sur le Coran et la Sunnah qu'il n'a pas le droit de toucher. Et malheur à ceux qui osent le faire. Les supplices de la tombe l'attendent, et les supplices de l'au-delà sont encore plus terrifiants.

- La castration par la sanction: Si la castration mentale ne suffit pas à apprivoiser le musulman, viennent alors la sanction pénale (qui comprend la peine de mort, l'emprisonnement et les amendes) et la sanction civile (qui comprend l'interdiction du mariage et sa dissolution- comme cela s'est produit avec Nasr Hamed Abu Zeid, l'enlèvement des enfants, et la privation de l'héritage et des fonctions publiques). Et parallèlement à la sanction officielle, il y a la sanction populaire. Chaque musulman s'estime en droit de punir toute atteinte à sa religion, selon le principe de "la promotion de la vertu et la prévention du vice": "Que soit parmi vous une nation qui appelle au bien, ordonne le convenable, et interdit le répugnant. Ceux-là sont ceux qui réussiront" (3 : 104). C'est ce qui s'est passé avec Farag Foda assassiné par un homme illettré mettant à exécution une fatwa issue par un cheikh azharite, et la tentative d'assassinat de l'écrivain Naguib Mahfouz par deux jeunes analphabètes l'accusant de blasphème à cause de son roman "Les enfants de notre quartier" interdit par l'Al-Azhar. Et il y a eu aussi le Professeur Suleiman Bachir défenestré du deuxième étage par ses étudiants à l'Université Al-Najah à Naplouse, en raison de ses opinions et son livre "Introduction à l'autre histoire."

Je me rappelle ici d'une rencontre à Rome avec un professeur nord-africain dont je tairai le nom, auteur d'un grand nombre de livres. Il m'a surpris en disant: "Tant que les musulmans ne cesseront pas de croire que le Coran est la parole de Dieu, il n'y aura aucune possibilité de progrès". Je lui ai demandé: "Où est-ce que tu as écrit ce que tu viens de dire?" Il m'a répondu: "Tu es fou. Tu veux ma mort? Qui va nourrir mes enfants et ma femme?"

Ce professeur a mis le doigt sur la base du problème. Nous devons d'abord mettre de côté l'idée que le Coran est la parole de Dieu. Deuxièmement, nous devons dépouiller Mahomet de toute sainteté. Cet homme est fils de son temps, et il ne peut pas servir de bon exemple pour notre temps. Troisièmement, les intellectuels musulmans doivent nettoyer leurs esprits de la saleté qui y niche depuis leur jeune âge. Quatrièmement, il faut abroger le châtiment de l'apostasie et garantir à tous le droit de changer de religion sans aucune conséquence pénale ou civile. Cinquièmement, il faut revoir tout le programme d'enseignement religieux, de la maternelle à l'université. Ce que nous vivons aujourd'hui dans le monde arabe et musulman est le résultat de cette éducation religieuse. Et il faut signaler ici le rôle funeste de l'Azhar qui produit des milliers d'imams et de savants religieux. Il convient de rappeler les mots du soudanais Mahmoud Mohamed Taha, qui a été pendu en 1985 avec l'encouragement de l'Azhar: "Il viendra un jour où on fermera la porte de l'Azhar avec deux planches sur lesquelles il sera écrit: ici on enseignait l'ignorance". Regardez, par exemple, ce qu'enseigne l'Azhar, vidéo sous-titrée en français: http://www.youtube.com/watch?v=fE46QUomlmY

5) Y a-t-il espoir pour l'évolution de l'Islam?

Et maintenant la question: Y a-t-il espoir pour l'évolution de l'Islam? C'est certainement une tâche difficile, exigeant patience et persévérance. Un olivier a besoin de 30 ans pour devenir adulte. Mahmoud Mohamed Taha a proposé de se baser sur le Coran de la Mecque et de laisser de côté le Coran médinois qui est un texte politique et non pas religieux - et ainsi se débarrasser de ses normes juridiques qui violent les droits de l'homme. Les Coranistes proposent de mettre de côté la Sunnah de Mahomet et de ne suivre que le Coran - mais leur proposition à mon avis est inutile parce que le Coran est la base du problème. Personnellement, je suggère de supprimer la sainteté du Coran en exposant ses erreurs linguistiques et stylistiques, et ainsi le rendre un texte humain. On peut comprendre la position du cheikh Ahmed Al-Gubbanchi de ce point de vue en s'attaquant au texte coranique, en rejetant son origine divine et en démolissant les arguments de ceux qui prétendent que le Coran comporte des aspects linguistiques, moraux, scientifiques et mathématiques prodigieux prouvant sa provenance divine. Tout cela exige la liberté d'expression, l'acceptation des intellectuels à assumer leur responsabilité, et la remise en question de tous les programmes d'enseignement religieux.

Et on arrive à la question cruciale: Que restera-t-il de l'islam si nous le faisons évoluer au point de supprimer l'idée du Coran selon laquelle est la parole de Dieu, d'enlever la sainteté de Muhammad et d'abroger la sanction de l'apostasie? Pour répondre à cette question, je pose une question parallèle sur le christianisme: Qu'est-il resté du christianisme quand on a marginalisé les livres sacrés, supprimé l'Inquisition et interdit aux autorités religieuses chrétiennes de sanctionner la liberté d'expression? Est-ce que le christianisme a disparu ou est-il devenu meilleur qu'il ne l'était au Moyen-Âge? Qui d'entre nous voudrait revenir au christianisme du Moyen-Âge et brûler ceux qui expriment des opinions religieuses divergentes? En ce qui concerne l'Islam, si nous le faisons développer, nous aurons une religion plus légère pour l'estomac (selon les paroles de Cheikh Ahmed Al-Gubbanchi http://www.youtube.com/watch?v=V8N-nx8Ye3s), conforme à l'esprit de notre époque. C'est en fait un retour à l'islam de la Mecque avant la migration de Mahomet vers la Médine et son accaparation du pouvoir: "Dis: Je ne suis qu'un humain semblable à vous" (41 : 6), "Rappelle donc! Tu n'es qu'un rappeleur. Tu n'es pas un dominateur sur eux" (88 : 21-22). Mais si nous maintenons l'islam médinois, celui-ci disparaîtra ... ou détruira l'humanité.

Les musulmans doivent donc mettre de côté le Coran médinois violent et contraire aux droits de l'homme, et revenir au Coran mecquois, qui est la base d'un islam tolérant, comme l'a proposé Mahmoud Mohamed Taha dans son ouvrage intitulé "Le deuxième message de l'Islam". D'où l'importance de l'édition du Coran par ordre chronologique comme je l'ai faite dans mon édition arabe et ma traduction française du Coran afin que le lecteur puisse voir clairement ce qui fait partie du Coran mecquois et ce qui fait partie du Coran médinois. L'édition normale du Coran crée de la confusion puisque le lecteur saute d'un chapitre mecquois tolérant à un chapitre médinois rigide, et vice versa. Par exemple, la sourate portant le numéro 2 dans l'édition normale porte le numéro 87 dans l'ordre chronologique et constitue le premier chapitre médinois. Quant au chapitre le plus rigide numéro 9 dans l'édition normale, il porte le numéro 113 dans l'ordre chronologique.

www.ingramcontent.com/pod-product-compliance
Lightning Source LLC
Chambersburg PA
CBHW081839170526
45167CB00007B/2851